광야에서 만나는 하나님

거칠고 황무한 광야 길을 축복의 자리로 이끄시는 하나님의 은혜

광야에서 만나는 하나님

이제훈 지음

규장

　　이제훈 목사님은 청중들이 좋아하는 일반적인 축복과 위로와 소망의 메시지만을 전한다든지 특별한 방법을 통해 감정에 호소하는 설교를 하지 않으셨습니다. 오랜 시간 말씀을 묵상하고 기도하며 준비하여 오직 본문에 충실한 설교를 하셨고, 그 속에서 오직 예수 그리스도의 십자가를 드러내셨습니다. 그래서 청중들은 목사님의 설교를 듣다가 어느새 하나님의 말씀에 설복되어 감동하곤 했습니다.

　　저도 목사님의 설교를 들으면서, 조나단 에드워즈 목사님이 어느 교회에 초청을 받아 말씀만을 충실히 전했을 때 청중들이 통회하고 자복하며 크게 울부짖었다는 일화가 뜻하는 바를 이해할 수 있었습니다.

　　목사님의 준비된 설교, 그리고 예수님을 닮은 목사님의 온화한 성품이 저를 중앙대학교회를 떠나지 못하게 하는 이유가 되었습니다.

박오현 회계학과 81, 보험설계사

　　제가 취업 준비를 하고 있을 때, 어려운 형편을 아시고 적잖은 돈을 살그머니 제 손에 쥐어주시던 이제훈 목사님은 진정 저의 영적인 아버지입니다.

　　목사님은 대학교회 사역을 나룻배 목회라고 하시며, 4년간 사랑으로 키워놓은 대학생 제자들이 훌쩍 떠날 때마다 눈물을 훔치셨고, 그렇게 자라서 그리스도인으로 승리하며 살아가는 모습을 보며 다시 위로를 받곤 하셨습니다.

　　40년 가까이 안성의 중앙대학교회를 거쳐 간 수많은 학생을 올바른 신앙으로 변화시킨 이제훈 목사님의 열정적인 설교가 이 책에 담겨 있기에, 이 시대의 고민하는 그리스도인들에게 훌륭한 지침서가 되리라 믿습니다.

김종석 행정학과 88, 한국전력공사 부장

제 인생의 가장 큰 복 중 하나는 이제훈 목사님에게서 예수님이 누구신지를 배웠다는 사실입니다. 예수님을 믿은 청춘의 때에 저를 포함한 청년 대학생들은 목사님의 설교를 들을 때마다 신구약이 증거하는 예수 그리스도의 복음 앞에 눈물로 감격하며 행복해했습니다. "예수님이면 충분하다!" 설교를 듣는 동안 우리는 이 고백을 하며, 말씀이 임하면 어디서든 새 힘을 얻고 가야 할 길을 찾을 수 있다는 것을 경험했습니다.

30년의 세월이 흐르고, 이번에 목사님의 민수기 강해집을 다시 읽으며, 연약한 제가 그간 척박한 광야를 지나올 수 있었던 것은 청년 시절에 이미 이제훈 목사님에게 가르침을 받았기 때문임을 확인할 수 있었습니다.

제게 그러했듯이, 길을 찾아 나서는 청년대학생과 신학생들에게, 또 가정주부와 직장인들에게 이 책이 마땅히 가야 할 길을 알려주리라 확신합니다. 누구나 지나야 할 광야, 누구든 가게 되어 있는 광야에서 무엇을 해야 하고 어떻게 행군해야 할지를 알고 싶다면 이 책을 꼭 정독하시기 바랍니다. 광야 길의 안내자이신 예수님을 만남으로 독수리가 날개 치는 새 힘을 얻으실 것입니다.

한근영 문예창작학과 89, 《나는 기도하기로 했다》 저자

열등감과 분노, 절망과 슬픔이 가득했던 대학 1학년 시절, 하나님은 길 잃고 방황하던 제게 목사님과의 만남을 예비해주셨습니다. 목사님과의 만남으로 저는 사막 한가운데서 오아시스를 만난 것 같은 반가움과 시원함을 느끼면서 청소년기의 아픔과 슬픔을 '생명'이신 예수님으로 치유받을 수 있었습니다.

무엇보다 이제훈 목사님의 주옥같은 설교를 통해 말씀이신 하나님을 만났고, 그 후 하나님께서 제게 목사님의 삶을 본받고자 하는 갈망을 주심으로 저를 인격적인 성숙으로 이끄셨습니다. 시간이 날 때마다 목사님 집무실을 찾아 개인 면담을 하고, 목사님께 받은 '제자의 삶' 훈련을 통해 예수님의 제자로서 훈련되어간 귀한 시간이었습니다.

졸업을 앞두고 마지막 인사를 하러 목사님 집무실에 들렀을 때 목사님께서 주신 말씀이 아직도 귀에 생생해 지금까지도 저는 그 말씀을 기억하며 살아가고 있습니다. "상국 형제, 사랑에 빚진 자로 살아가 주세요."

변상국 무역학과 90, 투자개발회사 대표

제대 후 복학과 함께 기숙사 룸메이트의 인도로 중앙대 기독학생회(SCM)라는 기독동아리에 참여하면서 이제훈 목사님의 설교를 처음 들었습니다. 군 복무 중 군종을 하면서 하나님을 인격적으로 만난 터라, 복학 후에는 설교 말씀을 통해 하나님을 더욱 알아가고 싶던 참이었습니다. 그러한 때에 듣게 된 목사님의 설교는 그 열망에 가장 좋은 양분이 되어 저를 영적으로 건강하게 성장하도록 해주었습니다.

그래서인지 저는 2001년부터 독일에서 15년 동안 외로운 유학 생활을 할 때도 목사님의 설교만큼은 가까이해야 산다는 생각을 떨칠 수 없었고, 중앙대학교회 홈페이지에 온라인으로 접속해 그 말씀을 들으며 얼마나 행복하고 감사했는지 모릅니다.

목사님의 설교집이 출간된다니 그때 그 말씀을 들을 때의 충만과 기쁨에 다시 젖을 생각에 설레고, 더 많은 이들이 복음으로 감격하며 기뻐하기를 소망하게 됩니다. 무엇보다 SCM 선후배님들 중에서도 저와 같은 고백이 있는 분들과 함께 그때의 영적인 추억을 공감하고 싶습니다.

김승용 독어학과 92, 가톨릭관동대 교직과 초빙교수

이제훈 목사님을 통해 전해지는 하나님의 진실한 메시지는 혼탁한 이 세상에서 제가 건강한 크리스천으로 살아가도록 해주는 삶의 생수와 같습니다.

물은 어떤 통로를 지나는가에 따라 오염수가 될 수도 있습니다. 그런 점에서 하나님께서 이제훈 목사님을 말씀의 통로로 사용해주신 것에 깊은 감사를 드립니다. 하나님의 생수를 생수 그대로 전달하는 이제훈 목사님의 설교가 책으로 엮여 나오게 되어 너무 기쁘고 감사합니다.

오대석 회계학과 94, (주)티와이엠아이씨티 본부장

이제훈 목사님을 처음 뵌 것은 대학 1학년 때 용기를 내어 수요예배에 참석했을 때입니다. 당시 대학교회를 깡통 교회(샌드위치 패널로 지어져서)라 불렀는데, 자그마한 가건물 예배당에서 열정적으로 소리 높여 설교하시던 30대 후반 청년 목사님의 설교는 저를 포함한 기독 학생들의 마음을 울리고도 남았습니다.

그렇게 30여 년의 세월이 흘러 어느덧 목사님은 은퇴를 앞두셨고, 중앙대 기독 학생들을 도전했던 수많은 설교 중 민수기 강해가 한 권의 책으로 나오게 되어 너무도 기쁩니다. 이 책이 중앙대 기독 학생들을 넘어 한국 교회 더 많은 이들에게 도전을 주는 도구가 되기를 소망합니다.

김재민 축산학과 94, 〈농장에서 식탁까지〉 편집장

말씀을 언제 어떻게 만났나 더듬어보면 잘은 몰라도 계절은 겨울이었을 거다. 신입생들이 모여드는 캠퍼스의 계절은 늘 앙상하게 추웠다. 내가 이불을 싸 들고 마을버스에서 내린 그 날도 그랬다. 그날로부터 4년. 저어기 8차 건물 뒤에 가려져 있던 캠퍼스의 십자가를 만나지 못했다면 어땠을까? 나는 울고 싶을 때마다 교회를 찾았지만 사실 울음을 멈추고 싶었다. 이유도 목적도 없이 울먹이는 게 젊음인가 싶었던 그 시절…. 나를 하나님의 말씀 곁으로 이끌어주신 캠퍼스의 어른, 이제훈 목사님. 그 말씀은 20년도 더 지난 지금을 살게 한다.

이은희 문예창작학과 99, 방송작가

대학 시절과 대학교회에서 함께 동역하던 시간 동안 이제훈 목사님을 통해 들은 '십자가의 복음'과 '삶을 향한 최선을 다한 경주'에 대한 설교는 여전히 제 삶과 사역 현장의 중심이 되어 저를 이끌어가며 사역 현장에 생명의 역사를 불러일으키고 있습니다. 뜨거운 열정과 사랑의 눈물을 담아 메시지를 전해주신 목사님에게 감사드립니다.

김승택 국제관계학과 00, 대관령 샘터교회 담임목사

저는 시야가 좁은 사람입니다. 눈앞의 것만 볼 줄 알고 그것만 좇는 사람입니다. 그런 제게 이제훈 목사님은 '켜서 비추이는 등불'이 되어 주셨습니다. 안개 속에서 방황할 때도, 모든 것이 멀게만 보여 낙심할 때도, 목사님은 늘 성경을 펴들고 가야 할 곳을 짚어주셨습니다. 막막하고 답답해도 그 인도를 따라 걸으면 하나님을 만날 수 있었습니다. 그렇게 참된 만족과 기쁨으로 가득한 새로운 세상을 만날 수 있었습니다. 목사님의 말씀 가운데에는 늘 소망이 있었습니다. 남들이 보지 못하는 것을 꿈꾸며 묵묵히 그 길을 가셨습니다.

그 모든 소망과 비전이 현실이 되는 것을 경험합니다. 목사님이 전하시는 민수기 강해를 통해 독자들도 어둠 가운데 빛이 찾아오는 은혜, 믿음이 증거가 되는 신비를 맛보게 되길 소망합니다.

최립 도시계획부동산학과 05, 중앙대학교회(안성) 담임목사

제 신앙의 본이고 스승이고 부모님이 되어주신 이제훈 목사님의 설교집이 발간된다는 소식을 듣고 참 기쁘고 감사하고 행복했습니다. 목사님의 설교 한 편 한 편이 제 삶에 말씀으로부터 주어지는 참된 행복을 가져다주었고, 하나님의 은혜를 차고 넘치게 채워주었으며, 말씀 속의 지혜를 깨닫게 해주었기 때문입니다.

제가 그랬던 것처럼 이 책을 통해 모든 독자분에게 "주의 말씀은 내 발의 등이요 내 길의 빛"(시 119:105)이라는 성경 구절이 삶으로 체험되는 은혜가 주어지길 소망합니다.

박해아름 중어학과 09, 서울 신광교회 전도사 사모

광야에서 십자가를 붙들고

1

제가 중앙대학교 교목으로 부임하던 때는 1987년도였습니다. 당시 서울 종로구의 한 교회에서 교육목사로 사역하던 저는, 중앙대학교 서울캠퍼스 교목실로부터 안성 캠퍼스(현재는 다빈치 캠퍼스) 교목으로 사역할 수 있는지를 묻는 연락을 받았습니다. 이에 저는 '촉탁'(囑託, 임시직 혹은 1년 계약직)이라는 말뜻도 모른 채 안성 캠퍼스로 향했습니다. 교목이라면 대학교 교직원인데도, 임시직이어서 그랬는지 아무런 채용 절차도 없이 부임하게 된 것입니다(1년 뒤 총장 임명장을 받았습니다).

그때 제가 일반목회를 그만두고 망설임 없이 캠퍼스로 달려간 것은 대학 재학 시절에 드린 기도가 생각났기 때문입니다. 재학 시절, 예수 그리스도를 믿고 복음의 엄청난 가치를 알게 된 저는 하나님께 이렇게 기도했습니다.

"졸업 후 기회가 되면 다시 캠퍼스로 돌아와, 복음을 모르는 후배들에게 복음을 전하며 살고 싶습니다."

이 기도를 드릴 때의 계획은 전자공학과 교수가 되어 캠퍼스로 돌아오리라는 것이었습니다. 그런데 대학 4학년 때 뜻밖에도 제게는 목회자의 소명이 임했고, 졸업과 동시에 신학대학원에 입학해 교회 사역을 시작하게 되었습니다.

하지만 그때도 마음 한켠에는 교수에 대한 미련이 남아있어서 전자 공학 전공 서적들을 2년 동안 창고에 쌓아두기도 했습니다. 그러다가 3학년에 올라가면서 목회에 전념하기로 하나님 앞에 결단하고는 그 책들을 다 버렸습니다.

이후 저는 강도사를 거쳐 목사안수를 받고 교육목사로 사역을 이어 갔습니다. 언젠가는 캠퍼스로 돌아가 후배들에게 복음을 전하겠다고 기도했던 일은 까맣게 잊은 채였습니다.

그런데 묘하게도 하나님께서는 교목 제안을 받은 시점에 그 기도가 생각나게 하셨고, 대학을 졸업한 지 7년째 되던 해에 캠퍼스로 돌아오 게 하셨습니다. 전자공학과 교수가 아니라 복음을 전하는 교목으로 말입니다.

2

막상 중앙대학교 안성캠퍼스에 부임하고 보니 캠퍼스의 풍경은 황 량하기만 했습니다. 그때만 해도 캠퍼스가 덜 조성된 때라 건물 몇 개 덩그러니 보일 뿐이었습니다. 그래서 어떤 학생들은 찬 바람 부는 계절 이 올 때마다 그곳을 '폭풍의 언덕' 혹은 '광야의 언덕'이라 부르곤 했습 니다.

그러나 제 마음을 차갑게 스치는 것은 학교 주변 논밭을 넘어 불어

오던 바람이 아니었습니다. 캠퍼스 어디에도 하나님을 예배할 일정한 장소가 없다는 것이 제 마음의 발을 동동 구르게 했고 옷깃 여미며 기도하게 했습니다.

그래서 저와 기독학생연합회(CUSCM) 소속 동아리 학생들은 1년 동안 빈 강의실을 찾아다니며 예배를 드렸습니다. 주중 학생들과의 성경 공부는 물론, 수요예배, 목요예배 그리고 주일에 캠퍼스에 남아있는 기독 학생들을 위한 주일예배까지, 우리는 강의실이든 어디든 모인 그곳에서 하나님을 경배하고 찬송하는 데에 전심을 드렸습니다.

그 예배를 하나님께서 기쁘게 받으셨는지 부임 이듬해인 1988년에는 드디어 학교 측으로부터 조그마한 가건물을 예배 처소로 허락받아 마음껏 쓸 수 있게 되었습니다. 그때부터는 캠퍼스 사역이 마치 날개를 단 듯 느껴져 얼마나 감사하고 기뻤는지 모릅니다.

비록 한여름에 비가 오면 이곳저곳에 양동이를 받쳐 놓아야 했고, 한겨울에는 가건물 패널 틈새로 불어오는 황소바람에 오들오들 떨어야 했지만, 함께 모여 예배하고 기도하는 시간마다 우리는 천국을 맛보았습니다.

1989년에는 갓 졸업한 동문들과 고학년(3,4학년)으로 이루어진 대학교회 운영위원들이 가건물 교회에서 한 해의 삶을 준비하는 정책 수련회를 했는데, 그때 제 마음 가운데 성령께서 강한 확신을 주셔서 공개적으로 이런 말을 했습니다.

"대학교회 창립 10주년이 되는 해에 새 예배당에서 예배를 드리게 될 것입니다."

교회 창립 10주년이 되는 해이면 1996년입니다. 이 이야기를 하고 몇 년 동안 혼자만의 엄청난 부담 속에 지내야 했습니다. 정책 수련회에서 대학교회 운영위원들 앞에서 한 이야기를 없던 것으로 할 수는 없었기 때문입니다.

재력이 있는 교우가 한 명도 없음은 물론, 교인이라고는 갓 졸업한 동문 몇 명과 재학생이 전부였던 상황이었기에 막막한 심정은 이루 말할 수 없었습니다. 그래서 기도했고, 기도 중에 1993년부터 건축헌금을 작정했습니다.

결국 우리는 창립 10주년이 되던 1996년에 기공 예배를 드렸고 1998년 3월에는 꿈에 그리던 새 예배당에서 입당 예배를 드렸습니다. 기독교 대학이 아닌 일반 대학 캠퍼스 안에 이렇게 교회 건물이 있는 대학은 중앙대학교회가 유일할 것입니다.

그러는 동안, 하나님의 임재를 누림이 인생 최고의 기쁨이요 말씀을 듣고 말씀대로 살아감이 진정한 행복이라고 고백하는 학생들이 늘어갔습니다. 대학에 입학할 때만 해도 예수님을 거부했는데 언제부턴가 하나님의 영광을 위해 살겠다고 고백하며 예배의 대열에 동참하는 학생들이 생겨났습니다. 그런 그들을 보는 감격도 커갔습니다.

또한 그런 만큼, 해마다 가을이 되면 양육해왔던 제자들과의 이별을 준비하느라 남몰래 가슴앓이를 해야 했습니다. 제자들 대부분은 4년의 대학 과정을 끝낸 뒤 제 갈 길을 찾아 캠퍼스를 떠나야 했기 때문입니다. 그러다 보니 저는 37년 동안 해마다 캠퍼스에 남겨진 사람으로 살게 되었습니다.

그래서 지인들에게 저의 캠퍼스 사역을 이야기할 때마다 '나룻배 목회자'라는 말로 소개하곤 했습니다. 대학교회라는 나룻배 위에 새내기들을 태워 4년 동안 힘써 노를 젓다가 건너편 세상에 내려주고는 다시 나루터로 되돌아오는 사역자를 일컫는 말입니다.

3

1987년 부임한 이래 37년이 지났습니다. 이제 노를 놓을 때가 된 것 같아 제자이자 후배 목회자에게 노를 넘겨줄 준비를 하고 있는데 이 소식을 들은 몇몇 제자들이 작년부터 제게 연락을 해왔습니다. 복음 안에서 천국을 맛본 형제자매들로서 재학 시절에 들었던 제 설교를 책으로 엮었으면 한다는 것이었습니다.

제자들에게 수고와 부담을 끼치는 것 같아 몇 차례 고사했지만 결국 동문들의 성화를 이기지 못해 원고를 내어주고 말았습니다. 그리고 교정 작업을 거친 일부 설교 원고를 받아들 때마다 끝까지 그들을 말리지 못한 게 많이 후회스럽고 얼굴이 화끈거리는 부끄러움이 느껴졌습니다. 주위를 둘러보면 훌륭한 설교자들이 가득한데 너무도 부족한 제가 그 대열에 얼떨결에 서려고 한 것 같았기 때문입니다.

지난 시절 저는 학생들에게 구약과 신약을 관통하는 복음의 맥을 알려주고 싶어 구약성경과 신약성경을 통으로 매주 한 장씩 설교를 해왔습니다. 창세기, 출애굽기, 레위기, 민수기, 신명기를 시작으로 구약 몇 권, 신약 몇 권을 강해 설교로 이어갔습니다.

이렇게 구약성경, 특히 모세오경을 매주 한 장씩 설교하면서 설교하는 저나 듣는 형제자매들이 그 안에 흐르는 예수 보혈의 능력에 감격하며 엎드렸습니다. 모세오경이 드러내는 가장 분명한 메시지가 십자가임을 확인하며 매 주일, 예수님의 십자가에 감격하고 그 은혜 안에서 행복을 누렸습니다.

그렇게 우리가 누렸던 은혜의 감격을 형제자매들과 공유하고 싶은 마음으로 민수기 설교를 세상에 내놓습니다. 한없이 모자라고 부족하지만, 민수기 성경으로 주일마다 예수님을 만나는 은혜를 누렸던 행복만큼은 다른 분들과 나누고 싶어 용기를 내봅니다. 모쪼록 상에서 떨어지는 부스러기 같은 은혜일지언정 그 은혜를 나누는 중에 생명의 만나를 맛보는 기적이 있기를 소망합니다.

인생은 광야 길을 걷는 것 같지만 광야에 찾아오신 하나님을 만나면 우리는 거기서 천국을 누릴 수 있습니다. 민수기 말씀을 통해 광야에 찾아오신 하나님을 만나는 참된 축복이 주어지길 기도합니다.

샬롬!

새봄이 오는 길목에서
나룻배 목회자
이제훈 목사

15

CONTENTS

PART 1

하나님의 역사가
기록될 　　　　광야에서

01

말씀을 따라
행군하라

민수기 1장 1-15절

1 이스라엘 자손이 애굽 땅에서 나온 후 둘째 해 둘째 달 첫째 날에 여호와께서 시내 광야 회막에서 모세에게 말씀하여 이르시되 2 너희는 이스라엘 자손의 모든 회중 각 남자의 수를 그들의 종족과 조상의 가문에 따라 그 명수대로 계수할지니 3 이스라엘 중 이십 세 이상으로 싸움에 나갈 만한 모든 자를 너와 아론은 그 진영별로 계수하되 4 각 지파의 각 조상의 가문의 우두머리 한 사람씩을 너희와 함께하게 하라 5 너희와 함께 설 사람들의 이름은 이러하니 르우벤 지파에서는 스데울의 아들 엘리술이요 6 시므온 지파에서는 수리삿대의 아들 슬루미엘이요 7 유다 지파에서는 암미나답의 아들 나손이요 8 잇사갈 지파에서는 수알의 아들 느다넬이요 9 스불론 지파에서는 헬론의 아들 엘리압이요 10 요셉의 자손들 중 에브라임 지파에서는 암미훗의 아들 엘리사마요 므낫세 지파에서는 브다술의 아들 가말리엘이요 11 베냐민 지파에서는 기드오니의 아들 아비단이요 12 단 지파에서는 암미삿대의 아들 아히에셀이요 13 아셀 지파에서는 오그란의 아들 바기엘이요 14 갓 지파에서는 드우엘의 아들 엘리아삽이요 15 납달리 지파에서는 에난의 아들 아히라이니라 하시니

"목사님은 광야에 가보셨어요?"

성경 공부를 인도하다 보면 가끔 이런 질문을 받는다. 그러면 나는 광야가 결코 특정 지역을 가리키는 단어가 아니라는 사실부터 떠올리게 된다. 유다 광야, 시내 광야 등에 가봤다, 안 가봤다를 답하기보다 누구나 살아가는 삶의 현장 그 자체가 광야임을 먼저 공감하고 싶은 것이다.

그래서인지 이스라엘 백성을 광야로 불러내신 하나님께서 그들을 어떻게 이끄셨는지 보여주는 성경 민수기를 가르칠 때면 특히 비장해진다. 이 성경이야말로 누군가에게 삶의 여정을 제대로 안내하는 인생 지도의 역할을 해줄 것이라 믿기 때문이다. 자신만의 광야에서 어떻게 하나님의 인도하심을 받을 수 있는지를 민수기만큼 잘 알려주는 책이 어디 있을까.

본래 히브리어 성경에서 '민수기'의 제목은 '베미드바르'로, '광야에서'라는 뜻이다. 그 이후 헬라어로 번역할 때 민수기 성경에 기록된 두 번의 인구조사와 여러 다양한 통계 숫자를 염두에 두고 '숫자들'이라는 뜻의 '아리트모이'로 썼다. 이 헬라어로 된 70인 역을 영역하면서 'Numbers'로 썼고, 이를 반영하여 '민수기'(民數記)라는 제목이 되었다.

민수기의 주된 내용은 한마디로 '하나님 백성의 광야에서의 삶'이다. 광야에서 하나님께서 그분의 백성을 어떻게 이끄셨고, 이스라엘이 그곳에서 어떻게 생존할 수 있었는지에 관한 하나님의 기적과 은혜의 기록이 바로 민수기이다. 이 책은 거칠고 황무하기만 한 광야 길이 어떻게 하나님의 은혜 아래 감동적인 인생길로 바뀔 수 있는지를 알려준다.

우리는 지금 어느 때보다 예측 불가능의 시대, 충격적 현상이 일상화된 시대를 살고 있다. 하지만 구약의 이스라엘은 애굽에서 해방되어 광야 길을 지날 때 이미 우리와 다를 바 없는 시대를 살았다. 그들은 애굽에서 종살이할 때의 안정과 수동적 시기에서 벗어나 미래를 전혀 예측할 수 없는 광야를 살아내야 했다.

그런 면에서 충격적 현상이 빈발했던 광야에서 살아남은 이스라엘이 가나안으로 입성할 수 있었던 것은 기적이요 미스터리 그 자체라 하겠다. 우리는 그와 같은 기적의 역사, 하나님 은혜의 역사가 다름 아닌 광야 현장에서 이루어졌다는 사실을 주의 깊게 살펴봐야 한다.

전쟁으로만 얻을 수 있는 땅

민수기 1장 1절이 기록되기 전, 이스라엘의 역사는 대략 이러했다. 이스라엘이 출애굽을 한 날은 이스라엘의 첫해 첫날이었다. 그날 이후 그들은 3개월 정도를 진군한 후 시내산에 머물렀고, 그 뒤 9개월이 지난 이듬해 정월 초하루, 즉 출애굽한 지 만 1년 만에 성막 건조를 끝냈다.

둘째 해 첫째 달 곧 그달 초하루에 성막을 세우니라 출 40:17

그 이후에도 이스라엘은 한 달 정도를 거기에 머물며 하나님의 명을 따라 유월절을 지켰고, 유월절 절기가 끝나는 1월 21일 이후에도 그들은 거기에 그대로 머물러 지냈다. 장막 위 구름이 움직이지 않았기 때문이다. 그러던 중 이스라엘은 2월 1일에 하나님 말씀을 받게 된다.

이스라엘 자손이 애굽 땅에서 나온 후 둘째 해 둘째 달 첫째 날에 여호와께서 시내 광야 회막에서 모세에게 말씀하여 이르시되 민 1:1

이 말씀이 임한 후에도 이스라엘은 구름기둥이 장막에서 떠오르기 전까지 약 20일 동안 움직이지 못했고, 그때의 기록이 바로 민수기 1장에서 9장까지의 내용이다.

광야 지리에 밝았던 지도자 모세도 하나님께서 움직이시지 않는 한은 시내산에 머물러야 했다. 2백만 명이나 되는 거대한 무리의 최종 목적지는 다름 아닌 하나님께서 약속하신 '하나님의 땅'이었기 때문이다.

이처럼 이스라엘은 '하나님의 말씀 없이는' 단 한 발짝도 뗄 수 없었다. 민수기 성경에 80번 이상 기록된 "여호와께서 말씀하여 이르시대"와 같은 표현이 이를 입증한다.

우리 삶도 그와 같이 하나님의 말씀이 있어야 살 수 있는 삶이다. 시편 기자처럼 "주의 말씀은 내 발에 등이요 내 길에 빛"(시 119:105)이라고 고백하는 것이 성도의 삶이고 그리스도인의 삶이다. 따라서 이 예측 불

가능한 광야에서 살아남는 비결은 다른 데 있지 않다. 오직 하나님의 말씀을 사모함으로 기다려야 한다. 말씀 없이는 한 발자국도 움직일 수 없다는, 하나님을 향한 절박한 믿음으로 살아가야만 광야의 행진이 승리에 이를 수 있다.

행군을 앞둔 이스라엘에 하나님께서 말씀하셨다.

> 너희는 이스라엘 자손의 모든 회중 각 남자의 수를 그들의 종족과 조상의 가문에 따라 그 명수대로 계수할지니 이스라엘 중 이십 세 이상으로 싸움에 나갈 만한 모든 자를 너와 아론은 그 진영별로 계수하되 민 1:2,3

이스라엘은 성막을 세운 뒤 첫 유월절 축제를 맞이하면서 구원(출애굽)의 기쁨, 약속의 땅에 대한 기대감으로 부풀어 있었다. 그런데 그런 이스라엘에 하나님은 느닷없이 싸움, 곧 전쟁을 언급하시는 것처럼 보인다. 그들의 축제가 계속되기를 바라셨을 하나님께서 왜 이렇게 그들에게 전쟁을 예고하셔야 했을까? 왜 하나님은 당신의 사랑하는 자녀인 우리를 치열한 전투 현장으로 앞서 이끄시는가?

한마디로, 하나님께 약속받은 땅은 저절로 얻어지는 게 아니기 때문이다. 싸움과 전쟁 없이는 얻을 수 없는 땅이 바로 약속의 땅이다.

이것은 '광야'에 던져진 하나님의 백성인 우리 모두에게도 동일하게 적용된다. 하나님은 그분의 백성을 아무도 살지 않는 빈 땅으로 들여보내지 않으신다. 패역함이 가득 찬 땅을, 전쟁으로 정복해서 들어가게 하신다.

이것은 이미 우리 조상 아브라함에게 약속해주신 일이었다.

> 네 자손은 사대 만에 이 땅으로 돌아오리니 이는 아모리 족속의 죄악이 아
> 직 가득 차지 아니함이니라 하시더니 창 15:16

그러므로 이 전쟁은 가나안 땅을 향한 하나님의 심판이기도 했다. 하나님의 백성 이스라엘은 이 전쟁을 통해 그분의 심판을 드러내야 했다. 이것은 주의 백성이 맞닥뜨리는 삶의 한 본질이기도 하다. 하나님의 백성에게 부여된 영적 숙명과도 같은 원리가 바로 이렇다.

민수기 1장에서도 이를 계속해서 강조한다. 20-43절에서는 이스라엘 12개 지파가 거명되는 가운데 "이십 세 이상으로 싸움에 나갈 만한 각 남자를 그 명수대로 다 계수하니"라는 말씀이 12번이나 반복해서 표현된다. 왜 이런 반복적 표현을 통한 강조가 필요했을까.

그것은 이 싸움이야말로 약속의 땅 가나안에 들어가기 위한 필수과정이라는 것을 모든 지파, 모든 족속에게 숙지시켜야 했기 때문이다. 이 전쟁은 이스라엘 백성이 반드시 치러내야 할 영적 전쟁이요 믿음의 선한 싸움이었다.

신구약 성경은 이러한 그리스도인의 싸움에 관해 계속 말씀한다.

> 아들 디모데야 내가 네게 이 교훈으로써 명하노니 전에 너를 지도한 예언
> 을 따라 그것으로 선한 싸움을 싸우며 딤전 1:18

마귀의 간계를 능히 대적하기 위하여 하나님의 전신갑주를 입으라 우리의 씨름은 혈과 육을 상대하는 것이 아니요 통치자들과 권세들과 이 어둠의 세상 주관자들과 하늘에 있는 악의 영들을 상대함이라 엡 6:11,12

이 말씀이 어느 특정 개인이나 집단을 향한 말씀이 아니라 주님을 믿고 따르는 나에게 주시는 말씀이라는 사실을 믿는가?

믿음의 선한 싸움! 그것은 그리스도인이라면 누구나 치러야 할 싸움이며, 성도란 바로 이와 같은 영적 전쟁을 오직 '믿음'으로 싸워 이겨 내는 사람들이다.

하나님이 지정하신 자리에서

당시 이스라엘의 숫자는 약 2백만 명 정도였다. 그중 싸움에 나갈 만한 자를 계수했더니 약 60만 3,550명이라는 결과가 나왔다. 전체 인원의 30퍼센트 정도이다.

우리의 교회들은 어떤 모습일까? 나는 가끔 교회 식당이나 예배당에 가득 찬 교인들을 보면서 흐뭇한 마음이 들다가도 이들 중에 과연 몇 퍼센트가 영적 전투를 치러낼 수 있을까를 생각하면 마음이 복잡해진다. 식당에 앉아 밥을 먹는 사람의 숫자가 곧 군인의 수인 것은 아니기 때문이다.

총을 들고 싸울 수 있는 사람, 그 사람이 바로 군인이다. 그렇다면 하나님나라 복음을 위해 생명을 건 싸움에 나갈 수 있는 사람은 누구일까? 하나님께서 지금 우리 중에 그런 사람을 계수하라고 하신다면 몇 명을 헤아릴 수 있을까? 또한 그 영적 싸움을 치르기 위해 가장 먼저 정비할 것은 무엇일까?

민수기 1장 말씀을 좀 더 주의 깊게 살펴보면 거명된 지파들의 이름 순서에서 이 문제를 풀어갈 수 있다(20-43절).

본래 이스라엘 12지파의 순서는 야곱의 열두 아들의 형제 서열을 따른다. 창세기 49장에서 야곱도 형부터 아우까지 서열을 따라 차례로 아들들을 축복했다. 그래서 르우벤, 시므온, 레위, 유다, 스불론, 잇사갈, 단, 갓, 아셀, 납달리, 요셉(에브라임, 므낫세), 베냐민의 순서로 언급된다.

그런데 인구조사의 순서는 서열을 따르지 않았다. 르우벤, 시므온, 갓, 유다, 잇사갈, 스불론, 에브라임, 므낫세, 베냐민, 단, 아셀, 납달리의 순서로 나와 있다. 이렇게 순서가 바뀐 것은 이제 하나님께서 이스라엘 2백만 명의 무리에게 하나님의 성막을 중심으로 한 새로운 질서를 부여하셨다는 뜻이다.

르우벤, 시므온, 갓은 성막의 남쪽, 유다와 잇사갈, 스불론은 동쪽, 에브라임과 므낫세, 베냐민은 성막의 서쪽, 단과 아셀, 납달리는 북쪽에서 행군할 지파로 부르셨다(p40 도표 참조).

하나님께서 부여하신 영적 질서는 "누가 누구의 형이다, 그러므로 어느 지파가 어느 지파보다 앞선다"의 차원이 아니었다. 그것은 성막을 중심으로 진영을 베푸시는 하나님의 새로운 영적 질서의 차원이었다.

사실 이스라엘이 애굽에서 나와 시내산까지 어떤 대오를 지어 진행했는지는 알 수 없다. 아마 서열을 따라 르우벤이 앞서고 베냐민 지파가 뒤에 섰는지도 모른다. 그런데 이제는 하나님의 임재하심이 있는 성막을 중심으로 12지파의 진영을 베풀되 하나님께서 정하신 곳에 각 지파를 있게 하셨다.

이것은 이스라엘의 중심이 철저히 '하나님의 성막'으로 옮겨졌다는 의미이다. 영적 전쟁을 치러야 할 12지파는 먼저 그 성막을 중심으로 자신에게 주어진 자리에서 행군해야 했다. 있을 곳을 자의로 선택하는 것이 아니라 반드시 하나님께서 세우신 곳에 있어야 했다는 것이다.

영적 전쟁을 치르는 우리는 지금 어떤 자리에 서 있는가? 교회를 중심으로 하나님께서 세우신 자리에 서 있는가? 거룩한 영적 질서가 머무는 하나님의 교회에서 성령의 은사를 따라 섬김과 봉사의 사명을 다하고 있는가? 무엇보다 광야에서 하나님의 임재가 머무는 예배를 삶의 중심에 두고 있는가? 예배를 생명처럼 소중히 여기며 행군하고 있는가?

광야에서 살아남으려면 하나님만을 주목하고 그분의 인도하심대로 따라가야만 한다. 광야로 이끄신 분이 하나님이시고, 그분이 땅과 하늘과 바다의 주인이시기 때문이다.

따라서 영적 전쟁을 치를 때는 하나님께서 우리에게 주신 자리부터 지켜내야 한다. 그 자리는 예배의 자리요 기도의 자리이다. 또한 하나님께서 불러주신 부름의 자리이기도 하다. 하나님께서 왜 그 자리를 우리에게 명하셨겠는가? 왜 그 자리를 철통같이 지키며 행군하라 하시겠는가? 그 답은 명확하다. 그 자리만이 영적 전쟁에서 이길 수 있는 자리이기 때문이다.

우리는 언제나 수많은 도전을 만나며 산다. 하나님의 말씀 없이는 한 발자국도 옮길 수 없는 광야의 시대에 살고 있다. 악한 영들은 우리를 속이고 미혹할 뿐 아니라 죽일 듯이 위협하며 달려든다.

그 때문에 우리는 영적 싸움을 치러 이겨야만 약속의 땅 가나안에 들어갈 수 있다. 그 영적 전쟁은 결코 칼과 총으로 이겨낼 수 있는 성질의 것이 아니다. 하나님께서 허락하신 기도의 자리, 예배의 자리에서 하나님 말씀을 간절히 의지할 때라야 악한 영들과의 싸움에서 이겨낼 수 있다.

당신은 지금 광야를 지나고 있는가? 그렇다면 하나님을 예배하는 자리를 떠나지 말아야 한다. 부르짖는 기도의 자리를 떠나지 말아야 한다. 금식하고 기도하며 하나님의 임재를 사모해야 한다. "사느냐, 죽느냐"를 건 절박함으로 행군하는 사람이 되어야 한다. 하나님께서 지정하신 그 자리를 지키며 행군하는 사람만이 이 전쟁에서 승리할 수 있다. 광야는 그런 곳이다.

02

광야교회를
꿈꾸자

민수기 2장 32-34절

32 이상은 이스라엘 자손이 그들의 조상의 가문을 따라 계수된 자니 모든 진영의 군인 곧 계수된 자의 총계는 육십만 삼천오백오십 명이며 **33** 레위인은 이스라엘 자손과 함께 계수되지 아니하였으니 여호와께서 모세에게 명령하심과 같았느니라 **34** 이스라엘 자손 이 여호와께서 모세에게 명령하신 대로 다 준행하여 각기 종족과 조상의 가문에 따르며 자기들의 기를 따라 진 치기도 하며 행진하기도 하였더라

사도행전 7장에는 초대 교회의 순교자 스데반 집사가 산헤드린 공회 앞에서 행한 설교가 기록되었다. 그 설교 중 모세를 언급한 말씀 중에 독특한 표현이 나타난다.

> 이스라엘 자손에 대하여 하나님이 너희 형제 가운데서 나와 같은 선지자를 세우리라 하던 자가 곧 이 모세라 시내산에서 말하던 그 천사와 우리 조상들과 함께 광야교회에 있었고 또 살아 있는 말씀을 받아 우리에게 주던 자가 이 사람이라 행 7:37,38

하나님의 영에 감동되어 담대히 설교 중인 스데반 집사는 광야에 거하는 이스라엘 백성의 무리를 '광야교회'라 불렀다. 광야에 거하는 이스라엘 공동체를 하나님의 교회로 본 것이다.

이렇게 광야에 거하는 이스라엘 백성이 하나님의 교회로 명명된다는 것은 놀라운 일이다. 당시 광야에는 '베두인'이라는 유목민들이 많이 살고 있었지만, 성경은 그들에 관해 언급하지 않았을 뿐 아니라 그들을 교회 공동체라 말하지도 않았다. 이것은 이스라엘이 단지 광야에 거한다는 사실 때문에 '광야교회'로 지칭된 게 아니라는 뜻이다.

그렇다면 무엇이 그들을 '광야교회'가 되게 했을까? 광야에 거하며 이곳저곳 옮겨 다녀야 하는 상황에서도 그들이 광야교회라 불리게 된 이유는 무엇일까?

이 질문에 대한 답을 본문 속에서 찾아가면서 하나님의 교회가 교회 답게 세워지기 위해서는 어떤 모습이어야 하는지 살펴보려 한다. 이 땅의 교회들이 말씀 안에서 교회로서의 참된 아름다움과 소명을 회복하기를 바란다.

교회를 교회 되게 하는 영광의 임재

시내 광야에서 이루어진 1장의 인구조사는 단순한 인구조사가 아니라 앞으로 있을 싸움에 대비해 20세 이상의 남자를 계수한 사건이었다. 그런데 그때 레위인은 계수되지 않았다.

> 레위인은 이스라엘 자손과 함께 계수되지 아니하였으니 여호와께서 모세에게 명령하심과 같았느니라 민 2:33

이는 하나님께서 모세에게 레위인을 계수하지 않도록 명령하셨기 때문인데, 그 이유가 민수기 1장에 명료하게 나타난다.

> 너는 레위 지파만은 계수하지 말며 그들을 이스라엘 자손 계수 중에 넣지 말고 그들에게 증거의 성막과 그 모든 기구와 그 모든 부속품을 관리하

게 하라 그들은 그 성막과 그 모든 기구를 운반하며 거기서 봉사하며 성막 주위에 진을 칠지며 성막을 운반할 때에는 레위인이 그것을 걷고 성막을 세울 때에는 레위인이 그것을 세울 것이요 외인이 가까이 오면 죽일지며 이스라엘 자손은 막사를 치되 그 진영별로 각각 그 진영과 군기 곁에 칠 것이나 레위인은 증거의 성막 사방에 진을 쳐서 이스라엘 자손의 회중에게 진노가 임하지 않게 할 것이라 레위인은 증거의 성막에 대한 책임을 지킬지니라 하셨음이라 민 1:49-53

하나님께서 레위인에 관해 모세에게 일러주신 이 말씀에서 중요한 사실을 발견할 수 있다. 위의 말씀 중 다음 구절들을 유의해 보라.

성막과 그 모든 기구

외인이 가까이 오면 죽일지며

증거의 성막 사방에 진을 쳐서 이스라엘 자손의 회중에게 진노가 임하지 않게 할 것이라

이스라엘 열두 지파 중 유독 레위인에게만은 '성막'을 중심으로 특별한 하나님의 명령이 내려졌다. 외인이 가까이 오면 죽이라고 할 정도로 그들에게 주어진 하나님의 명령은 그 무게가 상당함을 알 수 있다.

또한 그 성막이 온전히 보존되지 못하면 이스라엘 회중에게 치명적

인 진노[1]가 임한다는 경고까지 덧붙여졌다. 민수기 1장 53절의 끝부분에서는 "레위인은 증거의 성막에 대한 책임을 지킬지니라"라고 하여 특별히 구별하기까지 했다. 도대체 성막이 무엇이길래 하나님께서 이렇게까지 말씀하셨을까?

> 그는 또 성막과 제단 주위 뜰에 포장을 치고 뜰 문에 휘장을 다니라 모세가 이같이 역사를 마치니 구름이 회막에 덮이고 여호와의 영광이 성막에 충만하매 모세가 회막에 들어갈 수 없었으니 이는 구름이 회막 위에 덮이고 여호와의 영광이 성막에 충만함이었으며 출 40:33-35

광야에 거하는 이스라엘이 광야교회라 일컬음을 받게 된 이유를 이 말씀에서 발견할 수 있다. 여호와 하나님의 영광이 성막에 충만히 임하신 것, 그것이 이스라엘 공동체를 광야교회라 불리게 한 결정적인 이유였다.

이스라엘 회중 가운데 세워진 성막에는 하나님의 영광이 충만했다. 레위인이 구별된 사람들이어야 하는 이유가 여기에 있다. 그들은 하나님의 영광의 임재가 충만한 성막을 생명 걸고 지켜내야 할 책임을 부여받았다. 따라서 하나님의 영광에 범접할 수 없는 죄인인 인간이 하나님의 말씀을 무시하고 성막에 함부로 범접한다면 하나님의 진노[2]를 사

---

1 벧세메스 사람들이 하나님께 진노를 받음(삼상 6:19-21).
2 아비나답의 집에서 오벧에돔의 집으로 법궤를 옮기는 도중에 생긴 베레스 웃사 사건(삼하 6:6-8)을 가리킴.

게 되었다.

이스라엘 공동체의 모든 역사는 그런 성막을 중심으로 이루어졌다. 이스라엘 공동체가 광야교회라 불린 이유도 성막 가운데 하나님의 영광이 충만히 임했기 때문이다.

교회가 하나님의 참된 교회로 세워진다는 것은 그 안에 하나님의 영광이 충만히 임한다는 것을 뜻한다. 사람이 모인다고 무조건 교회가 아니다. 그곳에 하나님의 성령이 임재할 때 교회는 비로소 교회다울 수 있다. 그래서 성도는 모일 때마다 하나님의 임재를 구해야 한다. 눈을 들어 하나님의 영광을 목도하기를 기도해야 한다.

교회의 본질은 예배이다. 우리 주의 주되심을 경배하고 찬양하며 회개를 통해 그분의 능력과 위엄 앞에 치유하심과 새롭게 하시는 은혜를 체험하는 예배, 그런 예배 가운데 하나님의 영광이 임재할 때 교회 안에는 기쁨과 감사와 찬양과 치유와 회복과 자유와 안식과 능력과 소망이 넘쳐나게 된다. 성령의 충만함 속에서 이와 같은 교회의 본질적 요소들이 활짝 꽃 피우게 된다.

오늘날에도 하나님의 임재하심을 생명처럼 소중히 지켜내려는 구별되고 헌신된 이들이 많이 나와야 한다. 이 땅 위에 하나님의 영광이 계속해서 충만히 임해야만 진정한 회복과 부흥이 임하기 때문이다.

성경에서 보는 것처럼 하나님의 임재하심이 없다면 이스라엘 역사에서 레위인은 아무 의미 없는 존재이다. 실제로 이스라엘이 우상을 섬기며 하나님을 떠났을 때 레위인들은 이곳저곳에 흩어져 유명무실한 존재가 되고 말았다.

이 땅 위에 임하실 하나님 영광의 충만함! 이것이 모든 교회의 소망이요 생명임을 결코 잊어선 안 된다.

동역으로 세워지는 교회

이상은 이스라엘 자손이 그들의 조상의 가문을 따라 계수된 자니 모든 진영의 군인 곧 계수된 자의 총계는 육십만 삼천오백오십 명이며 민 2:32

싸움에 나갈 만한 20세 이상 된 남자의 수는 총 60만 3,550명이다. 이 총계를 내기 전에 지파별로 보고한 각 지파의 군인 숫자는 74,600명, 54,400명, 57,400명, 46,500명, 59,300명, 45,650명, 40,500명, 32,200명, 35,400명, 62,700명, 41,500명, 53,400명으로, 모두 최하 50명 단위로 떨어진다. 50명 단위로 딱 떨어지도록 하나님께서 일일이 간섭하신 것일까, 아니면 군인들을 계수할 때 50명 단위로 묶어서 셈을 한 것일까?

후자 쪽에 더 타당성이 있어 보인다. 이는 민수기 1장에서도 추측할 수 있다. 하나님은 모세와 아론에게 인구조사를 명하시고는 함께 수고할 자들로 각 지파의 두령 곧 족장 12명을 붙여주셨다.

그들은 회중에서 부름을 받은 자요 그 조상 지파의 지휘관으로서 이스라엘 종족들의 우두머리라 모세와 아론이 지명된 이 사람들을 데리고 둘째

2백만 명이나 되는 거대한 무리가 2월 1일에 모였고 계수가 시작되었다. 언제 끝났는지는 정확히 알 수 없지만, 계수된 숫자가 곧바로 언급되는 것으로 보아 정황상 2월 1일 하루 만에 마쳤거나 그리 오래 걸리지 않았을 것으로 추측된다. 모세와 아론, 12명의 두령은 이와 같은 인구조사를 어떻게 짧은 시간 안에 마칠 수 있었을까?

유다 지파만 해도 예상 숫자는 25만 명 정도였다. 25만 명이면 우리 교회가 있는 경기도 안성시의 인구보다 많다. 이 엄청난 숫자를 유다 족장인 나손이 일일이 50명 단위로 묶어가며 확인했을까? 만약 그랬다면 인구조사를 하는 데만도 몇 개월, 아니 그 이상이 걸릴 것이다.

따라서 짧은 시간 안에 인구 계수가 끝났다는 것은 나손이 유다 지파 중 20세 이상 된 남자를 50명 단위로 묶어 계수할 수 있도록 수많은 사람이 도왔다는 의미이다. 성경에 기록되지는 않았지만, 하나님의 명령을 이행하는 데 많은 사람이 동원되어 투철한 사명의식으로 일사불란하게 움직였다는 것이다.

놀랍지 않은가. 이 모습이야말로 이스라엘을 명성 있는 '광야교회'로 일컬음을 받게 한 이유이자 하나님의 교회의 참된 모델이라 할 수 있다. 교회의 아름다움은 개개인의 화려한 타이틀이나 놀라운 명성이나 위대한 배경에 있는 게 아니라, 하나님의 명령을 따라 이름 없이 소리

없이 수고하고 섬기는 동역 속에서 이루어진다.

이스라엘 공동체 역시 하나님께 지도자로 부름 받은 모세와 아론뿐 아니라 회중 가운데 부름 받은 각 지파의 족장 12명, 그리고 이름 없이 수고한 수많은 이의 섬김으로 하나님의 명을 이루어 갈 수 있었다.

중앙대학교 안성캠퍼스 대학교회에서 청년들을 위한 사역에 부름 받아 달려온 세월 동안, 나 역시 이런 사실들을 실감 나게 확인할 수 있었다. 지난 40년 가까이 캠퍼스에서 매주 드려 온 주일예배, 수요예배, 목요예배만 예로 들어도 얼마나 많은 형제, 자매들이 이 예배를 위해 헌신하고 수고했는지 다 기록할 수 없다.

설교를 하는 것은 설교자의 몫이지만 이 예배를 위해 기숙사 및 캠퍼스 전체에 예배 전단지를 돌리고, 예배당을 청소하고, 마이크 및 음향을 조절하고, 처음 오는 청년들을 안내하고, 새 신자가 믿음에 장성하기까지 곳곳에서 그들을 돌보는 등 수많은 수고의 손길이 있어 대학교회가 교회의 사명을 감당할 수 있었다.

그런 까닭에 나는 이미 장성한 딸과 아들을 둔 나이에 이르렀어도, 캠퍼스의 청년들을 '제자'보다 '동역자'라 부르기를 서슴지 않는다. 내가 일방적으로 청년들을 목양한다기보다 그들이 나의 동역자가 되어 '캠퍼스 복음화'라는 비전과 사명을 함께 이루어가고 있기 때문이다. 그렇게 교회가 지어져 갈 때 그 공동체는 가장 건강하게 세워질 수 있고, 그런 모습이야말로 하나님께서 교회를 통해 나타내시려는 그분의 영광스러움이라 믿는다.

교회는 지금도 우리를 향해 이렇게 외친다.

"Just You!"

이 말은 미국 남북전쟁 당시 군인을 징집하는 포스터 문구이기도 하다. 교회가 당신을 일꾼으로 부르고 있다는 것이다. 당신과 함께 손을 잡고 가기를 바라는 곳, 바로 교회이다.

바로 그 말씀의 교회

> 이스라엘 자손이 여호와께서 모세에게 명령하신 대로 다 준행하여 각기 종족과 조상의 가문에 따르며 자기들의 기를 따라 진 치기도 하며 행진하기도 하였더라 민 2:34

가끔 축구 경기에서 조직력이 살아야 이길 수 있다는 해설을 듣곤 한다. 이 말이 축구에만 해당되는 건 아니다. 어떤 단체든 치밀하고도 치열한 조직일수록 행사나 이벤트를 이끌 때 힘이 발휘된다. 교회도 조직을 정비하는 기초작업이 잘 돼 있으면 일의 효율이 높아진다.

그러나 교회는 엄밀히 말해 조직이 아니다. 일반적인 조직의 개념만으로는 다 설명할 수 없고, 일반적인 조직보다 훨씬 차원 높은 하나님의 영적 원리의 개념으로만 설명이 가능한 하나님의 유기체이다.

이스라엘 자손을 성막 중심으로 정돈시키실 때 하나님은 그들을 연령, 능력 혹은 조직력으로 묶지 않으시고, 그분의 의도와 섭리에 의해, 즉 성령의 영적 질서를 따라 대오를 정비하셨다.

성막 중심의 이스라엘 진영 편성

우선 동쪽 편에는 유다, 잇사갈, 스불론 세 지파가 진을 쳤는데 이 대(隊) 이름은 유다 지파의 깃발 아래 모였다 하여 '유다 진영'이라 불렀다. 잇사갈, 스불론은 전혀 불평하지 않고 이를 그대로 받아들였다.

하나님은 이 유다 진영을 이스라엘이 광야를 이동하는 동안 맨 앞에서 진행할 1대가 되게 하셨다. 이스라엘이 행군할 때 유다 지파의 깃발을 맨 앞에 두어 이스라엘의 깃발처럼 만드신 것이다. 유다 지파에서 이스라엘을 다스릴 자, 곧 예수님을 보내실 것을 묵시적으로 선언하는 하나님의 섭리하심을 읽을 수 있는 대목이다.

규가 유다를 떠나지 아니하며 통치자의 지팡이가 그 발 사이에서 떠나지 아니하기를 실로가 오시기까지 이르리니 그에게 모든 백성이 복종하리로 다 창 49:10

남쪽 편에는 르우벤, 시므온, 갓이 섰고, 이는 '르우벤 진영'으로 행군의 2대를 맡았다. 그리고 1대와 2대 뒤를 이어 3대와의 사이에는 하나님의 "회막이 레위인의 진영과 함께 있게"(17절) 하셨다.

서쪽 편에는 '에브라임 진영'의 이름으로 에브라임, 므낫세, 베냐민이 서서 회막 뒤를 이어 3대로 행진했다. 또한 북쪽 편에는 단, 아셀, 납달리가 '단 진영'으로 모여 마지막 후대로 행군했다.

이 대열에 관해 이후 또 다른 언급이 없는 것을 보면 각 대에 속한 지파들이 각 대의 대표 지파에 대해 불평하거나 시기하여 경쟁함으로 분열되지 않았음을 알 수 있다. 만에 하나 각 지파들 안에서 분열하여 다투고 싸움이 일어났다면 행군은 중단되고 말았을 것이다.

특히 2대 진열의 시므온 지파는 르우벤 지파보다 군인이 12,800명이나 많았지만, 하나님의 영적 섭리, 영적 원리에 순종해 르우벤을 앞세운 하나님의 의도하심을 묵묵히 따랐다.

성막은 곧 하나님 영광의 임재하심이며, 이 땅에 오신 예수 그리스도의 그림자이다. 이 성막을 중심으로 이스라엘 12지파가 하나님이 지정하신 곳에 진을 베풀고 행군하는 모습은 교회의 아름다움을 분명하게 보여주는 그림이라 하겠다.

교회는 이처럼 예수님을 중심으로 하나 된 그리스도의 몸이다. 교회의 참된 생명은 예수님 안에서 하나 되어 한마음을 이룰 때 나타난다. 이 모습을 빌립보서는 이렇게 말씀하고 있다.

마음을 같이하여 같은 사랑을 가지고 뜻을 합하며 한마음을 품어 아무

일에든지 다툼이나 허영으로 하지 말고 오직 겸손한 마음으로 각각 자기
보다 남을 낮게 여기고 각각 자기 일을 돌볼뿐더러 또한 각각 다른 사람
들의 일을 돌보아 나의 기쁨을 충만하게 하라 **빌 2:2-4**

바로 이것이 교회에 허락하신 하나님의 영적 원리요 질서이다. 같은
사랑을 가지고 한마음을 품으며 아무 일에든지 다툼이나 허영으로 하
지 않고, 겸손한 마음으로 남을 나보다 낮게 여기고, 다른 사람들의
일까지 돌아보는 것! 이 모습이 하나님께서 의도하신 교회 됨의 영적
원리이다.

나는 이 말씀을 볼 때마다 바로 그 말씀의 교회를 꿈꾼다. 세상에서
주목받는 교회가 아니라 하나님의 영광이 임재하며, 동역의 아름다움
이 머물고, 성령의 거룩한 영적 질서 안에서 하나 되는 교회! 그런 그림
이 그려질 때 교회는 지치고 고단한 영혼에게 참된 위로와 안식을 주는
광야교회로 부름 받게 되리라.

03

그리스도인, 하나님의 것

민수기 3장 1-13절

1 여호와께서 시내 산에서 모세와 말씀하실 때에 아론과 모세가 낳은 자는 이러하니라 2 아론의 아들들의 이름은 이러하니 장자는 나답이요 다음은 아비후와 엘르아살과 이다말이니 3 이는 아론의 아들들의 이름이며 그들은 기름 부음을 받고 거룩하게 구별되어 제사장 직분을 위임 받은 제사장들이라 4 나답과 아비후는 시내 광야에서 여호와 앞에 다른 불을 드리다가 여호와 앞에서 죽어 자식이 없었으며 엘르아살과 이다말이 그의 아버지 아론 앞에서 제사장의 직분을 행하였더라 5 여호와께서 또 모세에게 말씀하여 이르시되 6 레위 지파는 나아가 제사장 아론 앞에 서서 그에게 시종하게 하라 7 그들이 회막 앞에서 아론의 직무와 온 회중의 직무를 위하여 회막에서 시무하되 8 곧 회막의 모든 기구를 맡아 지키며 이스라엘 자손의 직무를 위하여 성막에서 시무할지니 9 너는 레위인을 아론과 그의 아들들에게 맡기라 그들은 이스라엘 자손 중에서 아론에게 온전히 맡겨진 자들이니라 10 너는 아론과 그의 아들들을 세워 제사장 직무를 행하게 하라 외인이 가까이하면 죽임을 당할 것이니라 11 여호와께서 모세에게 말씀하여 이르시되 12 보라 내가 이스라엘 자손 중에서 레위인을 택하여 이스라엘 자손 중에 태를 열어 태어난 모든 자를 대신하게 하였은즉 레위인은 내 것이라 13 처음 태어난 자는 다 내 것임은 내가 애굽 땅에서 그 처음 태어난 자를 다 죽이던 날에 이스라엘의 처음 태어난 자는 사람이나 짐승을 다 거룩하게 구별하였음이니 그들은 내 것이 될 것임이니라 나는 여호와이니라

앞 장에서 "진정한 교회가 무엇인가?"라는 질문의 답을 찾아갔다. 그런데 그 질문은 "참된 그리스도인은 어떤 사람인가?"라는 질문 및 그 답과도 연관된다. 교회란 바로 그리스도 안에서 연합한 유기체이기 때문이다. 교회의 정체성에 대한 영적 재각성은 그리스도인 하나하나에 대한 영적 재각성과 같다고 할 수 있다.

이 세상에는 그리스도인에 대한 다양한 시각이 있다. 가장 보편적인 시각은 '기독교라는 종교를 신봉하는 종교인'으로 보는 개념일 것이다. 어떤 이들은 '비교적 착하게 살아가려 애쓰는 기독교인'을 그리스도인이라 말하기도 한다.

그러나 사람들이 그렇게 말한다고 해서 이런 개념으로 그리스도인의 정체성을 정의할 수는 없다. 성경에서는 오히려 이 세상의 시각과는 다른 각도로 그리스도인들을 조명하고 있다.

본문에 나타난 그리스도인의 삶의 단면만 살펴봐도 그리스도인들이 과연 누구이고, 무엇 하는 사람들이며, 어떻게 살아야 하는지에 대한 분명한 답을 찾을 수 있다.

여호와께서 시내산에서 모세와 말씀하실 때에 아론과 모세가 낳은 자는 말씀을 읽다 보면, 아론의 자손은 언급하지만 모세의 자손에 관해서는 구체적인 내용이 나오지 않는 것을 알게 된다. 그런데도 왜 본문 1절에서는 아론의 자손에 대해 "아론이 낳은 자"라 하지 않고 "아론과 모세가 낳은 자"라 했을까?

모세는 아론의 동생이다. 그럼에도 하나님은 모세에게 아론에 대해 다음과 같이 말씀하셨다.

> 그가 너를 대신하여 백성에게 말할 것이니 그는 네 입을 대신할 것이요 너는 그에게 하나님같이 되리라 **출 4:16**

모세가 형인 아론에게 대표자요 시작과도 같은 존재가 된다는 이 말씀은 모세와 아론의 혈육 관계를 초월하는 특이한 내용의 말씀이다. 실제로 본문 1절을 시작하는 "여호와께서 시내산에서 모세와 말씀하실 때에"라는 구절도 모세가 아론과 이스라엘 백성들에게 하나님같이 되리라는 말씀을 입증해 준다.

또한 이 말씀에서, 아론의 자식을 "아론과 모세가 낳은 자"라 표현한 이유를 찾을 수 있다. 민수기 12장 8절에 표현된 대로 모세는 하나님과 대면하여 말한 자였기에 누구도 모세와 견줄 수 없었다. 아론의 자손인 제사장들을 소개한 말씀 앞에 '모세의 자손'이란 표현이 들어간 이유가 그 때문이다.

그렇게 엄청난 권위를 지닌 모세와 아론이 낳은 자들의 행적 속에서 "그리스도인이 누구인가?"라는 질문의 답을 찾아가려 한다.

거룩히 구별되어 위임받은 사람

> 아론의 아들들의 이름은 이러하니 장자는 나답이요 다음은 아비후와 엘르아살과 이다말이니 민 3:2

아론에게 네 명의 아들이 있었다. 하나님은 모세를 통해 그 아들들에게 놀라운 말씀을 주셨다. 그들을 하나님 앞에 설 제사장으로 구별하여 부르신 것이다(레 8:1-9).

아론의 아들들이지만 "아론과 모세가 낳은 자"(민 3:1)라고 표현한 것은 하나님께서 그들을 모세를 통해 제사장으로 부르셨기 때문이었다. 하나님의 명령으로 그들은 하나님께서 정하신 옷을 입고 머리에는 관을 쓰고 패를 부착했다.

하나님은 그분 앞에 드려야 할 제사와 행할 것들을 9장까지 자세히 기록하여 말씀해주셨다. 본문 3절 말씀은 이것을 밝힌 내용이다.

> 이는 아론의 아들들의 이름이며 그들은 기름부음을 받고 거룩하게 구별되어 제사장 직분을 위임받은 제사장들이라

이처럼 아론과 그의 아들들은 제사장으로 구별되어 모세가 낳은 자가 되었는데, 이것이 "그리스도인이 누구인가?"에 대한 첫 번째 정체성이다. 그리스도인은 예수 그리스도로 말미암아 왕 같은 제사장으로 구별되어 예수 안에 거듭난 자가 되었다.

왕 같은 제사장으로 거룩히 부름 받고 구별된 자들, 거룩하신 하나님 앞에 설 수 있도록 하나님께서 구별하여 세우신 사람들이 바로 그리스도인이다. 이 영광스럽고 엄청난 사명을 부여받은 사람이 바로 그리스도인이라는 것을 본문은 우리에게 엄중히 알려준다.

불신 때문에 죽고 믿음 때문에 사는 사람

나답과 아비후는 시내 광야에서 여호와 앞에 다른 불을 드리다가 여호와 앞에서 죽어 자식이 없었으며 엘르아살과 이다말이 그의 아버지 아론 앞에서 제사장의 직분을 행하였더라 민 3:4

그런데 심각한 문제가 생겼다. 아론의 아들 중 제사장 나답과 아비후가 죽임을 당하는 사건이 일어났다. 왜 이런 일이 일어났을까? 모세가 정월 초하루에 성막을 완성해 세웠고 본문이 2월 1일 이후에 말씀하신 바 되었음을 생각해보면, 이 비극적 사건은 그 한 달 사이에 벌어진 것 같다. 레위기 10장에도 이 사건이 기록되었다.

아론의 아들 나답과 아비후가 각기 향로를 가져다가 여호와께서 명령하시
지 아니하신 다른 불을 담아 여호와 앞에 분향하였더니 불이 여호와 앞에
서 나와 그들을 삼키매 그들이 여호와 앞에서 죽은지라 레 10:1,2

여기서 말씀하는 "여호와의 명하신 불"이란 무엇일까?

향로를 가져다가 여호와 앞 제단 위에서 피운 불을 그것에 채우고 또 곱게
간 향기로운 향을 두 손에 채워가지고 휘장 안에 들어가서 레 16:12

제단 위에서 피운 불의 시작이 성경에 구체적으로 명시되지는 않았으
나 모세가 성막을 건립한 이후의 장면(출 40:34,35)과 레위기 10장 2절
말씀을 보면 그 불이 여호와로 말미암은 것을 알 수 있다.

불이 여호와 앞에서 나와… 레 10:2

향단에 올린 향로에 피우는 불은 반드시 하나님께서 붙여주신, 즉
여호와 앞에서 나온 제단 불로부터 옮겨 와야 했다. 그런데 웬일인지
나답과 아비후는 다른 불로 향로에 불을 피워 하나님 앞에 분향했다.
나답과 아비후는 모세가 시내산에 올라 하나님으로부터 위의 말씀
을 받는 것을 두 눈으로 똑똑히 본 사람이자 하나님 앞에 설 수 있도
록 제사장으로 구별되어 향기로운 기름 부음까지 받은 제사장이다.
그런 그들이 다른 불로 분향한 것은 결코 무지나 실수 때문이 아니었

다. 하나님에 대한 그들의 믿음 없음이 하나님의 불이 아닌 다른 불을 향로에 담는 것으로 나타났다고밖에 볼 수 없다. 그들의 행동은 다분히 고의적[3]이었고, 거룩함으로 구별하신 하나님의 뜻을 멸시한 행태였다. 그들은 결국 하나님 앞에 죽임을 당하고 만다. 하나님 앞에 서도록 철저하게 구별된 자들이 화를 자초한 것이다.

여기서 우리는 그리스도인이 무엇을 기준으로 어떻게 살아야 할지 경각심을 갖고 살펴야 한다. 강한 어조로 표현하자면, 그리스도인은 '하나님 말씀을 따라' 살지 않으면 죽는다는 경고를 받은 사람들이라 말할 수 있다.

하지만 우리는 "받은 말씀대로 살지 않으면 죽을 수 있다"라는 하나님의 경고를 얼마나 자주 무시하며 사는지 모른다. 말씀을 말씀 그대로 받고 지켜내기는커녕, 내 자의로 해석하고 혼합하는 적당주의의 물살을 타는 경우가 너무도 많다. 이는 모두 믿음 없음의 증거들이다. 영적 혼합주의는 하나님에 대한 불신의 결과로 나타나는 것이다.

그리스도인이란 본래 구별된 자들을 뜻한다. 그런 면에서 우리가 가장 경계할 것은 '영적 혼합주의'라 할 수 있다. 하나님의 복음을 세속적인 것과 섞어서 말씀을 내 생각, 내 뜻대로 해석하는 것은 하나님에 대

---

3   레위기 9장 24절에서 불이 여호와 앞에서 나와 제단 위의 번제물과 기름을 사를 때 온 백성이 이를 보고 소리 지르며 엎드러진 일이 있었다. 나답과 아비후도 이를 아주 가까이에서 지켜보았을 것이다. 또한 레위기 10장 1절의 "여호와께서 명령하시지 아니하신 다른 불"이라는 말씀에서 향로에 담을 불에 관한 엄격한 말씀이 주어졌다는 것을 알 수 있다. 그럼에도 나답과 아비후가 "여호와께서 명령하시지 아니하신 다른 불"을 담아 분향한 행위는 단순한 실수나 안일함, 무지함으로 보기 어렵다.

한 도발과 다르지 않다. 비슷하지만 끝에 가서 달라지는 이단(異端)이 우리에게 독이 될 수밖에 없는 이유도 이와 같다.

다시 말하지만, 그리스도인은 말씀을 말씀대로 믿는 사람이다. 그래서 말씀을 하나님께서 의도하신 그대로 받는 사람이어야 한다. 성경이 말씀하는 예수 그리스도의 죽음과 부활의 복음을 그대로 믿으며 그 믿음대로 살도록 부르심을 받은 사람이다. 결국 그리스도인은 불신 때문에 죽고 믿음만으로 사는 사람이라 말할 수 있다.

전적으로 예수님과 함께 죽고 하나님으로 사는 사람

나답과 아비후는 시내 광야에서 여호와 앞에 다른 불을 드리다가 여호와 앞에서 죽어 자식이 없었으며 엘르아살과 이다말이 그의 아버지 아론 앞에서 제사장의 직분을 행하였더라 민 3:4

나답과 아비후가 말씀에 대한 불순종으로 죽임을 당한 후에 이들의 아버지인 아론과 동생인 엘르아살과 이다말이 보여준 태도에서 그리스도인의 정체성을 발견할 수 있다.

레위기 10장 2-6절 말씀을 보면 나답과 아비후가 하나님 앞에서 죽자 그 즉시 모세는 아론에게 하나님의 말씀을 전한다.

모세가 아론에게 이르되 이는 여호와의 말씀이라 이르시기를 나는 나를 하나님은 나답과 아비후의 죽음을 통해 하나님의 거룩하심을 온 백성 앞에 분명히 보여서 하나님의 거룩하심을 백성들에게 나타내시겠다고 선언하듯 말씀하셨다. 그러자 이 말씀을 들은 아론의 반응이 어떠했는가.

하나님 앞에서의 도발로 인해 죽은 두 아들을 보고서 입을 열 수 없었던 사람이 바로 그리스도인 아론이었다. 레위기 10장 6절에서는 더 기막힌 말씀이 선포된다.

머리를 풀거나 옷을 찢는 행위는 사랑하는 사람의 죽음 앞에서 극도의 슬픔을 표현할 때 보이는 모습이다. 그런데 하나님은 그런 인간적 슬픔을 표현하지 말라고 하신다. 계속된 말씀을 보라.

여호와의 관유[4]가 너희에게 있은즉 너희는 회막 문에 나가지 말라 그리하면 죽음을 면하리라 그들이 모세의 말대로 하니라 레 10:7

두 아들의 죽음 앞에서 애곡할 수 없는 아비 아론, 두 형의 죽음 앞에서 울 수 없었던, 아니 울면 죽으리라는 말씀을 들은 엘르아살과 이다말은 주검을 보기 위해 성막 밖으로 나갈 수조차 없었다. 이 장면에서 어떤 생각이 드는가? 이 세 사람을 통해 그리스도인의 삶의 무게가 얼마큼 막중한 것인지 전해져 오지 않는가.

그리스도인의 삶에서 절대적이고 완전한 가치는 오직 하나님 한 분뿐이다. 그래서 하나님의 거룩하심에 대한 도전장을 내밀다 죽은 사람이 비록 아들이거나 형일지라도 그리스도인에게는 그들을 위한 애곡이 허용되지 않았다. 아론과 그의 살아남은 두 아들은 전적으로 하나님께 매인 바 된 그리스도인이기 때문이다.

누가복음에서 예수님은 이 기막힌 세 부자(父子)의 삶에 관해 말씀하셨다.

무릇 내게 오는 자가 자기 부모와 처자와 형제와 자매와 더욱이 자기 목숨까지 미워하지 아니하면 능히 내 제자가 되지 못하고 누구든지 자기 십자가를 지고 나를 따르지 않는 자도 능히 내 제자가 되지 못하리라

눅 14:26,27

---

4   제사장을 거룩함으로 구별한 기름

그리스도인은 자신의 감정(자기 소견)을 따라 사는 사람이 아니다. 세상의 그 어떤 것과도 예수님을 견주지 않고, 전적으로 예수님과 함께 죽고 하나님으로 사는 사람이다.

우리 중에 누구든지 자기를 위하여 사는 자가 없고 자기를 위하여 죽는 자도 없도다 우리가 살아도 주를 위하여 살고 죽어도 주를 위하여 죽나니 그러므로 사나 죽으나 우리가 주의 것이로다 롬 14:7,8

그리스도인의 삶이란 이렇듯 엄청난 비장함과 엄숙함이 담긴 삶이라는 것을 그리스도인이라면 모두 기억해야 한다.

'그리스도의 것'으로 드려진 사람

본문 5절부터는 아론에게 시종하도록 세워진 레위인에 관해 언급되는데 그중 12,13절에는 레위인을 지칭한 특이한 사항이 나타난다.

보라 내가 이스라엘 자손 중에서 레위인을 택하여 이스라엘 자손 중에 태를 열어 태어난 모든 자를 대신하게 하였은즉 레위인은 내 것이라 처음 태어난 자는 다 내 것임은 내가 애굽 땅에서 그 처음 태어난 자를 다 죽이던 날에 이스라엘의 처음 태어난 자는 사람이나 짐승을 다 거룩하게 구별하였음이니 그들은 내 것이 될 것이니라 나는 여호와이니라 민 3:12,13

하나님은 애굽의 장자를 치실 때 이스라엘을 향해 양의 피를 집 문설주에 바르도록 명하셨다. 그 밤에 여호와의 사자가 각 집을 돌 때, 문설주에 바른 피를 보고 넘어가도록 하기 위함이었다. 이로 인해 이스라엘의 모든 장자는 애굽의 장자와 달리 죽임을 면했고, 그것이 유월절의 시작이 되었다.

그날에 관해 언급한 본문 12,13절 말씀에 따르면, 그날 밤 이스라엘 장자들은 양이 그들을 대신하여 죽은 덕분에 죽음에 이르지 않았다. 하나님께서 양의 피로 말미암아 그들을 살리셨다. 그들은 하나님의 그 전적인 은혜로 '산 자'가 되었다.

장자는 이스라엘이 대를 이어가는 시작이다. 장자를 양의 피로 살게 하신 것은 하나님께서 이스라엘의 주되심을 나타내신 놀라운 일이다. 그리고 하나님은 양의 피로 생명을 얻은 이스라엘의 장자를 '내 것'이라 말씀하시고, 이들을 대신하여 레위인들을 구별하고 그들을 '내 것'이라고 말씀하셨다(레 3:12,13).

하나님의 명령을 따라 처음 태어난 남자를 1개월 이상으로 다 계수하니 총 22,273명(민 3:42,43)이었고, 이들을 대신하여 하나님께서 구별한 레위인은 22,000명(민 3:39)이었다. [5]

그러므로 레위인은 그날 죽었을 장자를 대신한 사람들로 '하나님의 것'이라 선언되었고, 전적으로 하나님의 성전에 드려진 사람이자 제사

---

5 레위인보다 많은 이스라엘의 장자 273명분은 민수기 3:46-51절에서 보여주듯, 성소의 세겔로 속전을 드리게 하셨다.

장에게 주어진 사람이 되었다.

이는 예수 그리스도로 인해 구원받은 우리의 모습을 실질적으로 보여준다. 애굽 장자의 죽음은 죄로 인해 심판받을 수밖에 없는 우리 모두의 현실을 뜻한다. 인간은 모두 죄인이므로 하나님께서 모든 생명을 취하시는 것이 당연하기 때문이다.

또한 인간은 죄인이기에 거룩하신 하나님 앞에 절대로 살아서는 서 있을 수가 없다. 근본적으로 우리 인간은 스스로 구원에 이를 수 없는 존재이다. 그래서 하나님은 예수님을 보내서서 십자가에 못 박혀 죽게 하셨고, 죽은 자 가운데서 사흘 만에 다시 살아 모든 죽음의 권세를 이기게 하셨다.

모든 이스라엘의 장자가 유월절 그 밤에 대신 죽은 어린 양의 피로 인해 살 수 있었듯이, 우리 역시 우리를 대신해 죽은 예수 그리스도를 믿음으로 영원히 사는 존재가 되었다. 그러니 우리는 이스라엘의 장자를 대신해 하나님께서 취하신 레위인처럼 온전히 하나님의 것이 되었음을 잊지 말아야 한다.

그리스도인이란 이렇듯 '하나님의 것'이 된 사람이자 '그리스도의 것'인 사람을 뜻한다. 그렇다면 그리스도의 것이 된 우리는, 한마디로 레위인처럼, 하나님께 드려진 자로 살아야 한다. 레위인의 자세로 공부하고, 레위인의 자세로 가정을 이루며, 레위인으로서 사업해야 한다. 삶의 주인 된 자리를 하나님께 백 퍼센트 온전히 드려야 한다.

혹시 이 사실이 당신을 불안하게 하는가? 하나님께 주인 된 자리를 완전히 내어드리고 레위인처럼 살아갈 일이 큰일 난 것처럼 느껴지는

가? 인생의 주인이 누구인가에 따라 그 주인의 능력만큼 인생의 능력도 달라진다는 사실을 명심해야 한다. 하나님께서 주인 되시는 삶! 우리에게 그것은 오히려 너무나 놀랍고도 큰 위로요 소망이다. 하나님께서 책임지시고 주인 되시는 것이야말로 인생을 가장 아름답게 꽃피우는 유일한 길이 되기 때문이다.

우리는 하나님 앞에 애굽의 장자처럼 죽어야 하는 죄인이었지만, 예수님이 우리를 대신해 십자가에서 죽으심으로 이제 레위인처럼 '하나님의 것'이 되었다. 그것이 레위인으로서 당신의 삶을 하나님께 온전히 드리기를 결단해야 할 이유이고, 하나님의 그 거룩한 부르심에 지금 순종할 이유이다.

04

순전한 복음을
순전하게 옮길 자

민수기 4장 4-20절

4 고핫 자손이 회막 안의 지성물에 대하여 할 일은 이러하니라 5 진영이 전진할 때에 아론과 그의 아들들이 들어가서 칸 막는 휘장을 걷어 증거궤를 덮고 6 그 위를 해달의 가죽으로 덮고 그 위에 순청색 보자기를 덮은 후에 그 채를 꿰고 7 진설병의 상에 청색 보자기를 펴고 대접들과 숟가락들과 주발들과 붓는 잔들을 그 위에 두고 또 항상 진설하는 떡을 그 위에 두고 8 홍색 보자기를 그 위에 펴고 그것을 해달의 가죽 덮개로 덮은 후에 그 채를 꿰고 9 청색 보자기를 취하여 등잔대와 등잔들과 불 집게들과 불똥 그릇들과 그 쓰는 바 모든 기름 그릇을 덮고 10 등잔대와 그 모든 기구를 해달의 가죽 덮개 안에 넣어 메는 틀 위에 두고 11 금제단 위에 청색 보자기를 펴고 해달의 가죽 덮개로 덮고 그 채를 꿰고 12 성소에서 봉사하는 데에 쓰는 모든 기구를 취하여 청색 보자기에 싸서 해달의 가죽 덮개로 덮어 메는 틀 위에 두고 13 제단의 재를 버리고 그 제단 위에 자색 보자기를 펴고 14 봉사하는 데에 쓰는 모든 기구 곧 불 옮기는 그릇들과 고기 갈고리들과 부삽들과 대야들과 제단의 모든 기구를 두고 해달의 가죽 덮개를 그 위에 덮고 그 채를 꿸 것이며 15 진영을 떠날 때에 아론과 그의 아들들이 성소와 성소의 모든 기구 덮는 일을 마치거든 고핫 자손들이 와서 멜 것이니라 그러나 성물은 만지지 말라 그들이 죽으리라 회막 물건 중에서 이것들은 고핫 자손이 멜 것이며 16 제사장 아론의 아들 엘르아살이 맡을 것은 등유와 태우는 향과 항상 드리는 소제물과 관유이며 또 장막 전체와 그 중에 있는 모든 것과 성소와 그 모든 기구니라 17 여호와께서 또 모세와 아론에게 말씀하여 이르시되 18 너희는 고핫 족속의 지파를 레위인 중에서 끊어지게 하지 말지니 19 그들이 지성물에 접근할 때에 그들의 생명을 보존하고 죽지 않게 하기 위하여 이같이 하라 아론과 그의 아들들이 들어가서 각 사람에게 그가 할 일과 그가 멜 것을 지휘하게 할지니라 20 그들은 잠시라도 들어가서 성소를 보지 말라 그들이 죽으리라

그리스도인이 되었다는 것은 그 사람의 주인이 새롭게 바뀌었다는 뜻이다. 주인이 바뀌면 많은 변화가 생긴다. 전세나 월세를 사는 경우만 해도 집주인이 바뀌면 좋은 방향이든 나쁜 방향이든 변화가 생기고, 하다못해 짐승도 주인이 바뀌면 많은 변화가 일어난다.

성경에서 그와 같은 변화를 보여주는 대표적인 인물이 사도 바울이다. 그는 다메섹 도상에서 예수님을 만난 후 자신의 주인이 그리스도로 바뀐 것에 대해 자신을 '종'이라 표현하며 다음처럼 말한다.

예수 그리스도의 종 바울은 사도로 부르심을 받아 하나님의 복음을 위하여 택정함을 입었으니 롬 1:1

앞서 하나님께서 이스라엘 여러 지파 가운데 레위 지파를 하나님의 것으로 부르신 것을 보았다. 하나님은 애굽에서 장자 재앙이 내리던 날 죽었어야 했던 이스라엘의 장자를 대신하여 취하신 이들이 곧 레위인이라 하시면서, 레위 지파는 '하나님의 것'이라 말씀하셨다.

이와 같은 앞 장의 말씀과 사도 바울의 고백을 통해, 하나님께서 우리 인생의 주인이 되시고, 우리를 '예수 그리스도의 종'으로 부르실 때는 그분의 완전한 목적이 있음을 알게 된다. 바울이 하나님의 것으로 택함 받은 데는 "하나님의 복음을 위하여"라는 목적이 있었던 것처럼, 하나님께서 레위 지파를 "내 것"이라고 부르심은 그들에게 주실 분명한 사명이 있었기 때문이다.

이는 그리스도인들에게도 동일하게 적용된다. 예수 그리스도께서 피흘려 죽으시고 무덤에서 부활하심으로써 우리도 "예수 그리스도의 것"으로 부르심을 입었고(롬 1:6), 하나님으로 인한 사명을 받았다.

이 장에서는 본래 하나님의 것으로 택함 받은 고핫 자손(레위 지파의 한 가족)에게 주신 하나님의 말씀을 읽으며, 그리스도인에게 부여된 사명이 무엇이고 이를 어떻게 감당할지 나누려고 한다.

고핫 자손을 통해 알려주신 우리의 사명

3장에서는 모세와 아론이 하나님의 명령을 따라 레위 지파에서 1개월 이상 된 남자를 계수했고(14-39절), 이어 4장 1-33절에서는 그들 중 30-50세에 속한 자들이 성막에서 봉사할 구체적인 사역을 소개하는데, 그중 1-20절은 고핫 자손의 임무에 관한 말씀이다.

레위의 세 아들은 게르손, 고핫, 므라리인데 4장에서는 고핫, 게르손, 므라리 자손의 순서로 말씀이 기록되었다. 이는 고핫 자손에게 맡겨진 사명의 무게가 특히 중대하다는 사실을 암시한다. 본문 18절 말씀도 이를 확증해 준다.

너희는 고핫 족속의 지파를 레위인 중에서 끊어지게 하지 말지니 민 4:18

하나님은 게르손이나 므라리 자손에 대해서는 이런 말씀을 하지 않으셨는데 왜 유독 고핫 족속에 대해 이렇게 말씀하셨을까? 고핫 자손이 다른 자손에 비해 현저히 적었을까? 민수기 4장 34-45절에 따르면 게르손 2,630명, 고핫 2,750명, 므라리 3,200명이므로, 고핫 자손이 특별히 수가 적었던 것은 아니었다.

그럼에도 하나님께서 모세와 아론에게 고핫 자손의 존속에 대해 특별한 당부를 남기신 것은 그들에게 부여된 사명이 비교할 수 없이 존귀했기 때문이다. 그 사명이 무엇인가?

고핫 자손이 회막 안의 지성물에 대하여 할 일은 이러하니라 민 4:4

본문 4절부터 고핫 자손이 회막에서 감당할 역할이 언급되는데, 여기서 알 수 있듯이 하나님께서 고핫 자손을 특별히 지목하며 모세와 아론에게 당부하신 이유는 그들에게 부여된 사명이 '회막 안 지성물'에 관한 것이기 때문이다. 그런데 이 지성물에 대해 고핫 자손이 한 일은 결국 하나뿐이었다.

진영을 떠날 때에 아론과 그의 아들들이 성소와 성소의 모든 기구 덮는 일을 마치거든 고핫 자손들이 와서 멜 것이니라 … 그들이 지성물에 접근할 때에 그들의 생명을 보존하고 죽지 않게 하기 위하여 이같이 하라 아론과

그의 아들들이 들어가서 각 사람에게 그가 할 일과 그가 멜 것을 지휘하게 할지니라 민 4:15,19

하나님께서 고핫 자손에게 부여하신 사명은 이처럼 하나님의 성막에서 지성물을 메고 옮기는 사역, 더도 덜도 아닌 그뿐이었다. 그들은 이 일을 위해 지성물을 절대로 만져서는 안 되고 제사장들의 지시에 철저히 따라야 했다. 여기에 어떤 인간적인 사사로움이 개입되어 지성물을 만지거나 보면 '죽음'까지 경고되었다.

… 그러나 성물은 만지지 말라 그들이 죽으리라 … 그들은 잠시라도 들어가서 성소를 보지 말라 그들이 죽으리라 민 4:15,20

놀랍게도 그리스도인에게 부여된 사명도 이와 같다는 사실을 아는가? 하나님은 지성물을 옮기는 사명을 고핫 자손에게 맡기셨듯이, 그분의 영광이 담긴 복음을 옮기는 사명을 그리스도인들에게 맡기셨고, 이때 복음을 가감하거나 인간적인 사사로움으로 저울질하는 것을 허용하지 않으셨다.

하나님은 우리에게 복음을 복음 그대로 옮기는 사명만을 부여하셨지, 복음을 인간적인 잣대로 재어서 옳은가 그른가를 따지며 함부로 재단하는 것을 허용하지 않으셨다. 성막의 지성물이 인간의 접근을 용인하지 않았듯, 하나님의 복음은 이 땅의 어떤 인본주의 사상과도 혼합되는 것을 용납하지 않는다.

하나님께서 모세와 아론에게 특별한 주의를 주면서 고핫 자손에 대한 애착을 보이신 이유도 이 때문이다. 그래서 복음을 전할 자로 부르심을 받은 그리스도인의 삶에는 하나님의 집념 어린 열정이 담겨 있다. 로마서 8장에는 이러한 하나님의 사랑이 잘 나타나 있다.

> 그런즉 이 일에 대하여 우리가 무슨 말 하리요 만일 하나님이 우리를 위하시면 누가 우리를 대적하리요 자기 아들을 아끼지 아니하시고 우리 모든 사람을 위하여 내주신 이가 어찌 그 아들과 함께 모든 것을 우리에게 주시지 아니하겠느냐 누가 능히 하나님께서 택하신 자들을 고발하리요 의롭다 하신 이는 하나님이시니 누가 정죄하리요 죽으실 뿐 아니라 다시 살아나신 이는 그리스도 예수시니 그는 하나님 우편에 계신 자요 우리를 위하여 간구하시는 자시니라 누가 우리를 그리스도의 사랑에서 끊으리요 환난이나 곤고나 박해나 기근이나 적신이나 위험이나 칼이랴 기록된 바 우리가 종일 주를 위하여 죽임을 당하게 되며 도살 당할 양같이 여김을 받았나이다 함과 같으니라 그러나 이 모든 일에 우리를 사랑하시는 이로 말미암아 우리가 넉넉히 이기느니라 내가 확신하노니 사망이나 생명이나 천사들이나 권세자들이나 현재 일이나 장래 일이나 능력이나 높음이나 깊음이나 다른 어떤 피조물이라도 우리를 우리 주 그리스도 예수 안에 있는 하나님의 사랑에서 끊을 수 없으리라 **롬** 8:31-39

나를 향하신 그리스도의 사랑은 어떤 것으로도 끊을 수 없으며, 여기에는 하나님의 집념 어린 뜨거운 열정이 담겼다. 그 사랑 때문에 우리는 복음을 전할 자로 부름 받았고, 사명 받은 자가 되었다.

대제사장이신 예수 그리스도를 통해서만

우리에게 복음이라는 엄청난 선물이 주어지기까지 예수님이 하신 일은 무엇인가? 인간에게 복음을 주시기 위한 예수님의 고귀한 사역적 모습은 하나님의 지성물들이 옮겨지는 본문을 통해 잘 드러난다.

하나님 영광의 임재하심을 나타내는 구름이 지성소 위에 떠오르면 이스라엘은 행진을 지시하시는 하나님의 신호를 따라 진군해 나갔다 (출 40:31-38). 그때 아론과 그의 아들 엘르아살과 이다말은 하나님의 성소 안으로 들어가 놀라운 사역을 시작한다.

진영이 전진할 때에 아론과 그의 아들들이 들어가서 칸 막는 휘장을 걷어 증거궤를 덮고 민 4:5

우리는 이 말씀을 쉽게 읽지만, 이 사역을 하는 아론과 그의 아들들은 숨도 제대로 못 쉬었을 것이다. 그들의 사역은 무려 성소와 지성소를 막은 휘장을 걷어내는 일이었다.

하나님의 영광이 임하는 지성소가 아닌가. 지성소에는 하나님의 증거궤(언약궤)가 있고, 그 궤를 덮고 있는 금으로 된 '시은좌' 위에 하나님의 영광이 임하여 있다. 그러므로 허락되지 않은 자가 지성소에 들어가면 죽임을 당하게 된다. 그래서 지성소는 대제사장이 1년에 단 한 차례

만 들어갈 수 있도록 엄격히 구별되었다.

그런 그곳에서 거룩하신 하나님과 죄인인 인간이 만나는 것이니, 그곳이야말로 '시은좌'(施恩座, Mercy Seat), 즉 '하나님의 은혜가 특별히 머무는 곳'이라 하지 않을 수 없다.

그런 곳으로 아론과 그의 아들들이 휘장을 걷어 들어가는 것은 너무도 두려운 일이었다. 그럼에도 그들은 대체 무엇을 위해 이토록 생명을 건 일을 감행해야 했을까?

말씀에 보면 그들은 휘장을 걷어 증거궤(하나님의 율법-심판)를 덮었다고 했다. 이는 곧 하나님의 영광이 머무는 시은좌를 덮었다는 말이고 이는 아론과 그의 아들들에게 하나님께서 엄청난 은혜를 베푸셨음을 뜻한다. 동시에 그들이 휘장을 걷어 시은좌를 덮음으로 고핫 자손에게 비로소 하나님의 지성물을 메는 사명을 감당할 길이 열렸다는 것을 말한다.

다시 말해 이 길이 열리기 위해, 대제사장 아론과 제사장 엘르아살, 이다말은 하나님의 영광 앞에 서도록 은혜를 입고 구별되었다고 볼 수 있다. 그리고 이렇게 구별된 이들이 하나님의 엄청난 은혜 속에서 하나님의 심판을 상징하는 언약궤를 덮었기 때문에 고핫 자손은 지성물을 멜 수 있었다.

이는 우리에게 복음을 옮기는 사명을 주시기 위해 예수 그리스도께서 어떤 사역을 하셨는지를 보여주는 말씀이다.

그리스도께서 장래 좋은 일의 대제사장으로 오사 손으로 짓지 아니한 것 우리 주 예수 그리스도께서 대제사장으로 하나님 앞에(지성소 안) 먼저 들어가셔서 하나님의 영광(거룩과 공의)으로 인한 심판(언약궤)을 그의 피로 단번에 덮으심으로써 하나님의 심판을 덮고 우리에게 영원한 생명의 복음을 주셨다. 그러므로 누구든지 예수 그리스도께서 십자가에서 죽으신 것을 내 죄로 인한 죽으심으로 믿는 자는 하나님의 심판에 이르지 않게 되었다! 이것이야말로 죄인을 향한 최고의 복음이 아니고 무엇이겠는가.

우리는 바로 대제사장이신 예수 그리스도의 공로로 하나님의 심판을 면하고 영생을 받은 사람이 되었다. 또한 구원과 동시에 하나님의 뜻 가운데 사명을 부여받는 사람이 되었다.

우리에게도 성소 휘장으로 심판을 덮는 은혜가 임했으므로 이제는 우리도 고핫 자손처럼 복음을 메고 옮기는 사명을 힘써 감당해야 한다. 구원받았다는 것은 우리를 통해 이루실 하나님의 완전한 목적이 있기 때문임을 언제나 기억해야 한다.

가장 초라한 십자가에 담긴 가장 위대한 영광

어떻게 사명을 감당할 수 있으며 사명을 감당하는 자리에서 먼저 요구되는 것은 무엇인지 지성물을 옮기는 과정을 통해 생각해보자.

이스라엘이 이동할 때 고핫 자손은 하나님의 지성물들을 정성스레 어깨에 메고 갔다. 본문은 그 지성물의 내용을 자세히 소개하면서 이 모든 지성물을 해달 가죽과 청색, 홍색 보자기로 감쌌다고 말씀한다.

증거궤는 휘장으로 덮고 그 위에 해달 가죽, 그다음에 순청색 보자기로 덮었다. 이렇게 청색 보자기로 덮인 모습을 보인 것은 하나님 영광의 임재하심이 증거궤와 시은좌에 있다는 것을 나타낸 것으로 보인다.

나머지 지성물들은 물두멍을 제외하고는 모두 해달 가죽을 덮은 모습으로 공개되었다. 하나님의 성소에 놓여 있는 영광스러운 지성물들이지만 시각적으로는 대단해 보이지 않는다. 여기서 이사야서 53장 말씀을 떠올리게 된다.

그는 주 앞에서 자라나기를 연한 순 같고 마른 땅에서 나온 뿌리 같아서 고운 모양도 없고 풍채도 없은즉 우리가 보기에 흠모할 만한 아름다운 것이 없도다 사 53:2

사람들은 하나님의 영광을 흠모하고 사랑한다. 그러나 그 하나님의 영광이 임한 성소에 놓인 지성물을 보호하기 위해 덮은 해달 가죽은 사람들의 주목을 끌지 못했다. 사람들은 해달 가죽 자체를 천하게 봤을 뿐, 그 가죽의 의미와 역할이 무엇인지, 그 가죽이 무엇을 덮고 있는지는 보려 하지 않았다.

본래 해달 가죽은 홍해에 사는 바다소의 가죽으로서, 광야의 폭풍우와 열사, 우박 등으로부터 지성물을 보호하는 용도로 쓰였다. 이것은 사단의 권세를 파하고, 그분의 백성과 영광을 보호하시는 예수 그리스도를 예표한다. 누구든지 예수님의 십자가 죽음을 믿지 않고는 하나님의 영광에 이를 수 없음을 말해주는 것이다.

2천 년 전, 화려한 정치적 메시아를 기다리던 이스라엘 백성들은 십자가에 못 박힌 채 초라하게 죽어가시는 예수 그리스도를 보며 조롱하기를 멈추지 않았다. 그들은 해달 가죽을 인간적인 시선으로만 바라봤기에 "네가 무슨 하나님의 아들이냐?"라며 비웃었다. 하나님의 영광, 하나님의 면류관을 보여줄 메시아가 그처럼 낮고 초라한 모습으로 이 땅에 오실 리 없다고 믿었다.

그러나 예수님을 믿는다는 것은 가장 초라한 예수 그리스도의 십자가에 담긴 가장 위대한 하나님의 영광을 본다는 것이다. 고핫 자손은 청색 보자기 속, 해달 가죽 안에 담긴 하나님의 영광을 아는 자들이었다. 그리스도인도 마찬가지이다.

그리스도인이란 고핫 자손처럼 초라하고 처절한 예수 그리스도의 십자가에 담긴 하나님의 영광을 아는 사람들이다. 그중에서도 순교자들은 하나님의 영광을 알고 본 사람들이라 말할 수 있다. 그들은 죽음

자체가 아니라 십자가 속에 임한 하나님의 영광을 보기 때문에 영광스럽게 죽음의 길을 간 사람들이다.

그런데 지금으로부터 5백여 년 전, 사람들이 예수님의 십자가 복음에 인본주의를 섞었다. 그들은 인간적인 사사로움으로 지성물을 함부로 만지며 세상 것을 복음에 혼합했다.

그것은 그들이 "지성물을 메고 옮기기만 하라"라는 하나님의 사명을 이행하지 못한 결과요, 예수님의 십자가 복음 속에서 하나님의 영광을 보지 못했다는 뜻이다. 그들은 예수님의 십자가를 그저 천한 해달 가죽 자체로만 여겼다.

그러자 1517년 10월 31일, 이런 시대적 기류에 역행하여 자신의 목숨을 내걸고 투쟁하는 사람이 있었으니 그가 바로 종교개혁자 마르틴 루터였다. 여기서 그리스도인이 누구인가를 다시금 정확히 정의할 수 있다. 그리스도인이란 마치 마르틴 루터처럼, 예수님의 생명의 복음을 복음답게 옮기는 자로 부름 받은 사람이다.

그리스도인이란 십자가의 도가 하나님 영광의 능력임을 아는 사람이요, 그래서 주님께서 가신 십자가의 길도 기꺼이 따라갈 수 있는 사람이라 하겠다. 그리스도인은 그 길이 영광의 길임을 믿음으로 알고 걷는 사람이기 때문이다.

지금 이 시대는 귀신과 음란과 영매와 전쟁과 소란과 절망과 자살과 마약이 난무하고 있다. 그 까닭은 한마디로 온갖 영적 혼합주의가 복음의 참빛을 가리고 있기 때문이다.

따라서 지금이야말로 순전한 기독교, 순전한 복음이 아니고서는 달리 소망이 없다. 순전한 복음이 온전히 선포될 때 보혜사 성령 하나님의 새롭게 하시는 은혜가 나타난다. 하나님께서 죽음을 경고하시면서까지 복음을 순전하게 지키라고 하신 데는 다 이유가 있다.

우리는 고핫 자손처럼 레위인으로 구별되어 사명을 부여받은 사람들이다. 복음을 메고 옮겨야 하는 영광스러운 사명이 우리에게 주어졌다. 그러므로 본문을 읽으며 자신에게 물어보자.

나는 이 사명을 감당하고 있는가? 이 사명을 짊어지고 가면서 고핫 자손처럼 그 속에 담긴 하나님의 영광을 보고 있는가? 누가 뭐라 해도 그 영광스러운 사명을 영광스럽게 감당하고 있는가?

PART 2

하나님의 뜻이
펼쳐질   광야에서

05

거룩함의 자리로 초대하시는
하나님

민수기 5장 1-10절

1 여호와께서 모세에게 말씀하여 이르시되 2 이스라엘 자손에게 명령하여 모든 나병 환자와 유출증이 있는 자와 주검으로 부정하게 된 자를 다 진영 밖으로 내보내되 3 남녀를 막론하고 다 진영 밖으로 내보내어 그들이 진영을 더럽히게 하지 말라 내가 그 진영 가운데에 거하느니라 하시매 4 이스라엘 자손이 그같이 행하여 그들을 진영 밖으로 내보냈으니 곧 여호와께서 모세에게 이르신 대로 이스라엘 자손이 행하였더라 5 여호와께서 모세에게 말씀하여 이르시되 6 이스라엘 자손에게 이르라 남자나 여자나 사람들이 범하는 죄를 범하여 여호와께 거역함으로 죄를 지으면 7 그 지은 죄를 자복하고 그 죄 값을 온전히 갚되 오분의 일을 더하여 그가 죄를 지었던 그 사람에게 돌려줄 것이요 8 만일 죄 값을 받을 만한 친척이 없으면 그 죄 값을 여호와께 드려 제사장에게로 돌릴 것이니 이는 그를 위하여 속죄할 속죄의 숫양과 함께 돌릴 것이니라 9 이스라엘 자손이 거제로 제사장에게 가져오는 모든 성물은 그의 것이 될 것이라 10 각 사람이 구별한 물건은 그의 것이 되나니 누구든지 제사장에게 주는 것은 그의 것이 되느니라

우리는 불과 얼마 전까지 '코비드19'(COVID-19)라는, 코로나바이러스 감염증으로 인한 불안과 공포를 경험했다. 2020년 2월에 시작된 이 전염병으로 630만여 명이 목숨을 잃었다는 통계가 나와 있다(2022년 7월 기준). 이 병은 공기를 통해 전염되므로 누군가 코로나19에 감염되었다 싶으면 그를 철저히 격리해 치료해야만 했다. 그 때문에 전 세계의 경제는 혼돈을 넘어 마비 단계까지 가기도 했다.

첨단의학이 발달한 현대 사회에서도 새로 출현한 전염병 하나가 이토록 심각한 영향을 준다면, 의료기술이 발달하지 않았던 과거에는 전염병으로 인한 위험성이 얼마나 치명적이었을까. 실제로 14세기 중반, 유럽에 대유행했던 흑사병(페스트)으로 죽어간 사람만 유럽 인구의 3분의 1인 2천 5백만 명이었다. 전염병 하나가 국가를 넘어 전 세계적인 손실과 위기를 불러왔다.

주전 1,400년 경 이스라엘이 출애굽 하기 전, 애굽에 심각한 전염병이 있었다. 가축들이 심각한 전염병으로 죽는 다섯 번째 재앙에 이어 모세가 여섯 번째 재앙을 예고하는 중에 전한 하나님의 경고에서, 다섯 번째인 전염병 재앙이 만일 사람에게 임했다면 얼마나 치명적인 결과를 가져왔을지를 볼 수 있다.

내가 손을 펴서 돌림병으로 너와 네 백성을 쳤더라면 네가 세상에서 끊어졌을 것이나 출 9:15

당시 사람들이 당하는 재앙 중 전염병 재앙이야말로 얼마나 두려운 것이었는지를 짐작하게 하는 대목이다.

사실 전염병의 위험성은 이스라엘 백성이 4백 년간 애굽에 있을 때뿐 아니라, 애굽에서 나와 가나안으로 가는 광야에서도, 또 가나안 땅에 도착한 후에도 심각했을 것이다. 한 번 번지기 시작하면 국가적 위기를 초래하는 문제로까지 나아갔으니 전염병 문제는 어느 때, 어느 국가든 두려울 수밖에 없었다. 따라서 전염병에 관한 본문 내용은 하나님의 백성인 이스라엘에게 매우 중차대한 말씀이라 할 수 있다.

앞 장에서 본 대로, 이스라엘은 하나님의 명을 따라 싸움에 나갈 만한 군인과 하나님의 성막에서 봉사할 레위인을 계수했다. 이제 그들은 하나님께서 약속하신 땅으로 행군할 준비를 거의 마친 상태였다.

이러한 때에 하나님은 다른 율법의 가르침이 아니라 나병과 유출병에 대한 말씀부터 하신다. 그분은 왜 광야교회를 향해, 또 우리의 교회를 향해 이와 같은 내용을 중요하게 다루시는 것일까?

거룩함의 축복을 누리려면

본문 2-4절 말씀을 읽어보면 하나님께서 당시 이스라엘 백성을 무엇으로부터 보호하시려는지 분명히 알 수 있다.

하나님은 이스라엘 자손 가운데 나병 환자와 유출증 환자와 시체를 접촉한 사람을 철저히 격리하도록 명하셨다. 그렇게 하지 않으면 모두에게 역병이 전염될 수 있기 때문이다.

사실 이스라엘이 싸움에 나갈 만한 군인으로 무장하고 하나님의 성막을 중심으로 전열을 잘 준비했더라도 그들 안에 심각한 역병이 번진다면 치명적인 손실과 아픔이 초래될 것은 불 보듯 뻔한 일이다. 따라서 이 말씀은 전염병으로 인한 손실을 사전에 차단하시려는 하나님의 의도로 읽어도 무방할 것 같다.

그런데 본문을 좀 더 깊이 들여다보면 하나님께서 이토록 단호히 말씀하신 이유가 단지 이스라엘의 전략적 손실을 막기 위한 것만은 아니었음을 알 수 있다.

남녀를 막론하고 다 진영 밖으로 내보내어 그들이 진영을 더럽히게 하지 말라 내가 그 진영 가운데 거하느니라 하시매 민 5:3

하나님께서 이렇게 말씀하신 이유는 위의 세 경우가 단순히 전염병을 불러일으켜서가 아니라, 그 셋 다 하나님 앞에 '부정한 것'으로 여겨졌기 때문이다. 다시 말해 하나님께서 이 부분을 이토록 엄격하고 단호하게 말씀하신 것은 이스라엘 백성의 '거룩함'을 원하시는 그분의 간절한 소망 때문이었다.

나는 너희의 하나님이 되려고 너희를 애굽 땅에서 인도하여 낸 여호와라 내가 거룩하니 너희도 거룩할지어다 레 11:45

거룩함을 향한 하나님의 이와 같은 요청은 이스라엘 공동체인 광야교회뿐 아니라 지금의 우리를 향한 것이기도 하다.

그러므로 형제들아 내가 하나님의 모든 자비하심으로 너희를 권하노니 너희 몸을 하나님이 기뻐하시는 거룩한 산 제물로 드리라 이는 너희가 드릴 영적 예배니라 너희는 이 세대를 본받지 말고 오직 마음을 새롭게 함으로 변화를 받아 하나님의 선하시고 기뻐하시고 온전하신 뜻이 무엇인지 분별하도록 하라 롬 12:1,2

하나님의 뜻은 이것이니 너희의 거룩함이라 곧 음란을 버리고 살전 4:3

이스라엘 백성들의 궁극적 도착지는 하나님이 약속하신 땅 가나안이었다. 그런데 그곳은 젖과 꿀만 흐르는 땅이 아니었다. 그 땅은 원주민인 아모리 족속의 도덕적 패역함 때문에 하나님의 심판이 불가피했다. 따라서 이스라엘은 칼에 의한 전쟁으로 그 땅을 정복하고 취해야 했는데, 그 전후로 철저하게 하나님의 거룩함으로 무장되어야 했다. 그렇지 않으면 가나안에서 하나님의 축복을 누리기는커녕 아모리 족속의 부도덕함에 동화되어 결국은 함몰되고 말 것이기 때문이다.

하나님께서 약속하신 축복을 영원토록 누리려면 지금부터 그들은 거룩함의 옷을 입어야만 했다. 행군을 앞둔 이스라엘에 하나님께서 이토록 단호한 어조로 거룩함을 요청하신 까닭이다.

오직 십자가를 붙들라

하나님은 왜 나병과 유출증, 주검으로 인한 부정을 하나님을 더럽히는 것으로 간주하셨을까?

> 남녀를 막론하고 다 진영 밖으로 내보내어 그들이 진영을 더럽히게 하지 말라 내가 그 진영 가운데 거하느니라 하시매 민 5:3

이러한 질병들로 이스라엘이 더러워지면 하나님의 광야교회가 더러워지므로 하나님은 그것을 하나님을 부정하게 하는 것으로 여기셨다. 이스라엘 공동체, 광야교회를 향한 열정이 이와 같아서 하나님은 그 부정행위에 대해 반드시 대응하겠다는 말씀까지 하실 정도이다.

하나님 백성의 참된 능력은 하나님의 거룩함을 닮아가는 데에 있다. 그런 면에서 크리스천들의 영성이 약해져 가는 진짜 이유는 하나님의 거룩함을 닮아가지 않아서이다.

복음이 우리에게 주는 놀라운 능력 가운데 하나가 죄인 된 우리를 거룩하게 하는 것이 아닌가. 누구에게나 참된 사랑과 평화를 이루는 근원적 요소는 바로 거룩함이다. 그래서 이스라엘은 약속의 땅 가나안에서 하나님의 약속하신 축복을 누리기 위해 하나님을 향해 '거룩한 손'을 들어야 했다.

성경은 그리스도인의 삶에 하나님의 수많은 축복이 약속되어 있으며 그 축복을 누리는 비밀은 바로 '거룩'에 있다고 말씀한다. 그렇다면 어떻게 해야 거룩한 삶을 살 수 있을까?

본문에서 핵심적으로 봐야 할 것은 부정한 것을 격리하고 분리해 떼어놓는 방법이다. 이스라엘은 하나님께서 말씀하신 부정한 것들을 진 밖으로 내보내 격리했다. 하나님의 거룩함을 지키기 위해 그 명령대로 철저히 행했다.

오늘을 사는 우리도 이와 같아야 한다. 우리의 능력은 오로지 거룩함에서 나오고, 그 거룩함은 오직 예수님의 십자가와 부활을 믿는 믿음으로만 이룰 수 있다.

그러나 내게는 우리 주 예수 그리스도의 십자가 외에 결코 자랑할 것이 없으니 그리스도로 말미암아 세상이 나를 대하여 십자가에 못 박히고 내가 또한 세상을 대하여 그러하니라 **갈 6:14**

그리스도 예수의 사람들은 육체와 함께 그 정욕과 탐심을 십자가에 못 박았느니라 **갈 5:24**

예수는 우리 범죄한 것 때문에 내줌이 되고 또한 우리를 의롭다 하시기 위하여 살아나셨느니라 **롬 4:25**

이 말씀을 믿는다면 삶에서, 특히 태도에서 구체적인 변화를 보여야 하는데, 먼저는 하나님의 거룩함을 오염시키는 것들을 철저히 격리해야 한다. 육체의 욕심과 정욕을 예수 십자가에 못 박고 그것에서 돌이키는 것이 진정한 믿음의 모습이다. 그와 같은 믿음의 결단이 따를 때, 우리에게서 거룩함의 능력이 나타날 것이다.

사람에게 속죄하고 하나님께 속죄하라

본문 5-10절 말씀은 이스라엘 백성들 사이에서 서로 손해를 입힌 경우의 처리를 다룬다. 하나님께서 왜 이런 내용을 이토록 중요한 비중으로 말씀하셨는지 의아해하는 사람이 있을지도 모르겠다.

본문 내용은 한마디로 '물질적인 손해'에 대한 말씀이다. 하나님의 백성들이 서로에게 물질적인 손해를 입히는 것을 하나님께서 어떻게 여기셨는지 보면 매우 놀라지 않을 수 없다.

> 이스라엘 자손에게 이르라 남자나 여자나 사람들이 범하는 죄를 범하여 여호와께 거역함으로 죄를 지으면 민 5:6

이 말씀만으로는 본문에서 말하는 죄가 마치 몸으로 짓는 성적 범죄처럼 보일 수 있다. 특히 "죄를 지으면"이 개역한글 번역에서는 "그 몸에 죄를 얻거든"이라고 되어 있어서 그런 생각에 더욱 확신을 갖게 한다. 그런데 이어지는 말씀을 보면 6절에서 말씀하는 죄의 내용을 확실히 알 수 있다.

> 그 지은 죄를 자복하고 그 죄 값을 온전히 갚되 오분의 일을 더하여 그가 죄를 얻었던 그 사람에게 돌려줄 것이요 민 5:7

만약 6절에서 말씀하는 죄를 성적 범죄로 여긴다면 본문 7절 말씀에 대한 해석이 어려워진다. 따라서 7절을 이해한 후 6절을 보아야 6-7절 말씀을 명확히 이해할 수 있다.

하나님은 이런 손해배상법에 대해 말씀하시면서 왜 "여호와께 거역함으로 죄를 지으면"(6절)이라고 표현하셨을까? 그 답을 얻기 위해, 먼저 피해자에게 손해를 끼친 자의 태도가 어떠했는가에 주목할 필요가 있다.

본문 말씀을 통해 유추할 수 있는 것은 당시 물질로 인한 손해를 상대방에게 입힌 경우, 실수에 의한 사고가 아니라 다분히 고의적 침입의 영역일 가능성이 컸다는 점이다.

마치 자동차 사고를 내서 상대방에게 큰 손해를 입혔는데, 그 사고의 원인이 '운전미숙'이 아니라 '음주운전' 때문인 경우와도 비슷하다. 음주운전을 했다고 해서 아무 차나 들이받지는 않지만, 음주운전이라는 것 자체가 사회 공동체의 약속을 깨뜨리는 공동체 파괴행위이므로 그 자체로 이미 심각한 범죄를 했다고 봐야 한다.

본문에서 다루는 내용 역시 이스라엘 공동체 존속에 심각한 악영향을 준 사례라 할 수 있다. 따라서 이러한 범죄로 이스라엘 공동체에 손상을 입힌 것에 대해 하나님은 "…사람들이 범하는 죄를 범하여 여호와께 거역함으로 죄를 지으면"이라는 6절 말씀을 통해 심각하게 반응하신다.

2백만 명이나 되는 거대한 공동체가 동일한 목표를 향해 함께 움직여 나가려면 절대적인 연합과 일치가 필요하다. 무엇보다 교회는 '그리스도의 몸'이기 때문에 "마음을 같이하여 같은 사랑을 가지고 뜻을 합하여 한마음을 품어"(빌 2:2)야만 한다.

그래서 하나님은, 교회 안에서 서로에게 물질적 손해를 고의적으로 끼치는 일이야말로 이스라엘의 연합과 화합을 파괴하는 중차대한 범죄행위임을 우리에게 알려주신다.

하나님께서 말씀하시는 이 물질 배상법의 내용 또한 매우 특별하다. 본문 7-8절의 내용을 다음과 같이 요약할 수 있다.

① 그 지은 죄를 자복하고

② 그 죗값을 온전히 갚되 오분의 일을 더하여 돌려주어라

③ 속죄의 숫양을 드려라

④ 죗값을 받을 사람이 없으면 제사장에게로 돌려라

용서를 구하려면 죄에 대한 자복이 있어야 한다. 당연하다. 깨어진 관계를 다시 회복시키려면 이 과정이 필수적이다. 용서를 구하고 용서해 주는 이 과정에서, 깨어졌던 관계가 비로소 회복될 수 있다. 이를 통해 성경은 지은 죄를 자복하는 일은 손해를 입힌 사람이 마땅히 가져야 하는 태도임을 알려준다.

또한 성경은 구체적으로 손해배상을 하는 것을 통해, 용서를 구할 때는 반드시 죗값을 돌려주어야 한다는 것을 말씀한다. 예를 들어 어느 술 취한 오토바이 운전자가 새 자동차를 들이받아 자동차 앞문 교체 비용으로 20만 원이 들었다면, 가해자는 그 액수에 더 보태어 보상하는 게 원칙적으로는 옳다. 왜냐하면 그 자동차 운전자는 앞문을 수리했을 뿐 아니라, 그로 인해 시간적, 정신적 손실이 있었으며, 새 차이던 자가용이 중고차로 전락하는 손해를 입었기 때문이다.

그런데 하나님은 손해배상법을 언급하실 때 사람 간의 계산만 말씀하시지 않고, 반드시 하나님께 속죄의 숫양을 드리라는 말씀까지 덧붙이신다. 상대방에게 손해를 끼친 것은 상대방뿐만 아니라 하나님께도 죄를 지은 것이기 때문이다.

이는 마치 "서로 도우며 살아라"라는 부모의 가르침을 어기고 형이

동생의 재산을 빼앗아 부모의 가슴을 멍들게 했을 때, 그 사건에 대해 동생에게 사죄하고 보상하는 것은 물론, 부모에게도 마땅히 죄 용서를 구해야 하는 것과 같은 이치이다.

실제로 내가 죄를 지을 때 가슴을 치며 아파하시는 분은 우리의 아버지이신 하나님이다. 내가 도둑질할 때 하나님 아버지는 눈물 흘리며 보고 계시고, 내가 성적 범죄를 저지를 때 나의 신랑 되시는 예수님은 창자가 끊어지는 아픔으로 아파하실 것이다. 그래서 우리가 죄를 지으면 반드시 하나님 앞에 범죄했음을 인정하고 속죄의 숫양을 드려야 한다.

속죄의 숫양은 범죄한 사람의 생명을 대신하는 제물이다. 본래는 범죄한 사람이 죽어야 마땅한데, 속죄의 숫양이 그 죽음을 대신해 죽는 것이다. 그래서 속죄의 숫양을 드리며 하나님의 죄 사함을 구하는 사람은 하나님께 드려진 사람, 생명을 바친 사람이 되는 것이다.

본문에는 이 속죄의 숫양에 대한 말씀에서 더 나아가 손해배상법에 대한 구체적인 지침까지 나온다. 손해배상을 받을 사람과 친척이 있다면 죗값을 사람에게 돌려줌과 동시에 속죄의 숫양을 하나님께 드리면 되었지만, 손해배상을 받을 사람도 없고 친척도 없을 때는 속죄의 숫양 외에 구체적인 손해 배상액까지 하나님께 드리게 했다. 이렇게 하나님께 바쳐진 손해 배상액은 제사장에게 돌려서 성물, 즉 구별한 물건으로 여기셨다(9,10절). 여기까지가 하나님께서 정하신 손해배상의 방법이었다.

죄인인 우리를 상속자 되게 하시려고

거룩함을 촉구하는 본문 말씀은 이스라엘 공동체를 향하신 하나님의 열심이 얼마나 놀라운지를 잘 보여준다. 이같은 하나님의 열정은 곧 이스라엘을 향한 그분의 사랑이라 할 수 있다.

하나님은 범죄함으로 죽어야 하는 이가 있다면 속죄의 숫양을 대신 바쳐 죽게 하시며 용서를 베푸셨다. 이는 죄로 인해 죽을 수밖에 없는 죄인을 하나님께 드려진 거룩한 자로 여겨주시는 하나님의 은혜를 깨닫게 해준다.

범죄함으로 이스라엘 공동체를 깨뜨린 이들이 구체적으로 누구겠는가? 바로 죄인인 우리이다. 우리는 본질상, 연합과 하나 됨을 원하지 않는 죄인이다. 본질상 "우상숭배와 주술과 원수 맺는 것과 분쟁과 시기와 분냄과 당 짓는 것과 분열함과 이단"(갈 5:20)에 속한 사람이다.

우리가 이러한 죄인임을 자복하고 속죄의 숫양이신 예수 그리스도의 십자가로 주어지는 구속의 은혜를 믿을 때, 우리는 하나님께 드려진 거룩한 생명이 될 수 있다. 마귀의 종노릇 했던 죗값을 예수 그리스도께서 십자가에서 흘리신 피로 지불하고 날마다 자신을 하나님께 드릴 때, 우리는 거룩한 성물이라 여김 받게 된다.

이스라엘이 하나님의 거룩한 백성으로 흔들림 없이 굳게 설 수 있었던 하나님의 방법이 무엇인가? 그것은 속죄의 숫양과 드려진 성물에 있었다. 속죄의 숫양 되시는 십자가의 은혜로 우리 자신을 하나님께 구별된 성물로 드림으로써 우리는 비로소 굳건히 설 수 있다.

… 너희 몸을 하나님이 기뻐하시는 거룩한 산제사로 드리라 이는 너희가 드릴 영적 예배니라 **롬 12:1**

이제 우리는 속죄의 숫양 되시는 십자가의 은혜로 하나님께 드려진 성물, 곧 거룩한 자가 되었음을 잊지 말아야 한다.

성경에는 이런 우리를 향해 수많은 축복이 약속되었다. 그런데 이 축복의 약속은 죄인이 알 수도 없고 볼 수도 없는 내용으로 채워졌다. 무엇보다, 죄인이 어떻게 하나님의 상속자가 될 수 있겠는가. 속죄의 숫양으로 죄 사함을 받지 않았다면 젖과 꿀이 흐르는 약속의 땅 가나안에서 하나님의 축복을 누릴 수 없을 것이다.

그래서 우리는 다시 주님의 십자가를 붙들며, 십자가의 보혈로 우리 자신이 하나님께 드려진 생명이 되었음을 잊지 말아야 한다.

내가 그리스도와 함께 십자가에 못 박혔나니 그런즉 이제는 내가 사는 것이 아니요 오직 내 안에 그리스도께서 사시는 것이라 이제 내가 육체 가운데 사는 것은 나를 사랑하사 나를 위하여 자기 자신을 버리신 하나님의 아들을 믿는 믿음 안에서 사는 것이라 **갈 2:20**

하나님께서 왜 우리에게 예수님의 십자가 복음을 주셨겠는가? 우리를 거룩함의 자리로 초대하여 거룩한 자로 받으시고 거룩한 자로 지키시려는 그분의 불타는 사랑 때문이다.

CHAPTER

06

축복의 언약을 이루시는
하나님

민수기 6장 22-27절

22 여호와께서 모세에게 말씀하여 이르시되 23 아론과 그의 아들들에게 말하여 이르기를
너희는 이스라엘 자손을 위하여 이렇게 축복하여 이르되 24 여호와는 네게 복을 주시고
너를 지키시기를 원하며 25 여호와는 그의 얼굴을 네게 비추사 은혜 베푸시기를 원하며
26 여호와는 그 얼굴을 네게로 향하여 드사 평강 주시기를 원하노라 할지니라 하라 27
그들은 이같이 내 이름으로 이스라엘 자손에게 축복할지니 내가 그들에게 복을 주리라

하나님께서 천지를 창조하시고 그 지으신 것들을 향해 보이신 반응은 두 가지였다.

첫 번째는 "보시기에 심히 좋았더라"(창 1:31)라는 구절에 나타난다. 이는 대상에 대한 하나님의 만족함을 나타내는 반응이다. 하나님은 사람을 지으신 후에도 그를 향해 "매우 좋다"라고 하시며 우리 인생이 하나님의 걸작품임을 알려주셨다.

인생을 향하신 하나님의 두 번째 반응은 "그들에게 복을 주어"라는 구절에서 볼 수 있다. 천지창조 닷새째 되던 날, 하나님은 물과 하늘에 각종 생물을 지으시고 그들에게 복을 주시며 "생육하고 번성하여 여러 바닷물에 충만하라 새들도 땅에 번성하라"(창 1:22)라고 말씀하셨다. 여섯째 날에 모든 생물을 지으시고 하나님의 형상대로 인간을 지으신 뒤에도 인간에게 복을 주시며 이렇게 말씀하셨다.

하나님이 그들에게 복을 주시며 하나님이 그들에게 이르시되 생육하고 번성하여 땅에 충만하라, 땅을 정복하라, 바다의 물고기와 하늘의 새와 땅에 움직이는 모든 생물을 다스리라 하시니라 창 1:28

이러한 말씀들을 보며, 그분의 형상대로 지으신 사람에 대한 하나님의 반응에 깊이 주목해야 한다. 인생을 향한 하나님의 반응을 보면, 참으로 복된 존재라는 우리의 정체성을 발견할 수 있기 때문이다. 이것을 알면 이 세상 그 누구도 하나님 앞에서 무가치한 존재는 없다고 고백하게 된다. 하나님 보시기에 그토록 좋은 존재, 그토록 복된 존재가 우리이기 때문이다.

비록 인간이 하나님 앞에 범죄하여 그것이 깨어졌지만, 그리스도인은 하나님께서 보내신 예수님으로 인해 복된 존재로 회복한 사람들이 되었다. 다시 말해 그리스도인은 예수님 안에서 하나님 앞에 복 있는 사람이다. 하나님의 말씀인 성경은 이 사실을 곳곳에서 증언한다. 6장 본문도 그중 한 부분이다.

'구별됨'의 토양 위에 주어지는 것

민수기 6장 말미에서 하나님은 모세에게 "아론과 그의 아들들", 곧 제사장들에게 하나님의 이름으로 이스라엘 자손을 축복하게 하라고 말씀하셨다. 그에 앞서, 이러한 축복을 주시기 위해 1-21절에서 먼저 나실인의 규례를 자세히 말씀하셨다.

나실인(Nazirite)이란 '따로 구별한 사람'이라는 뜻으로, '하나님께 헌신된 사람'을 말한다. 그러면 이쯤에서 이 나실인과 레위인이 어떻게 다른지 궁금한 사람도 있을 것 같다.

하나님은 아론의 가족을 제사장 가문으로 택하시면서 아론이 속한 레위 지파 사람들을 회막에서 봉사할 사람들로 구별하셨다. 그리고는 "레위인은 내 것이라" 하시며, 일종의 풀타임(full time) 사역자처럼 그들에게 하나님만을 위해 살도록 명하셨다.

그런데 이런 레위 지파 외의 다른 지파에서 일정한 기간을 서원하여 오직 하나님만을 위해 헌신하기로 자신을 드린 사람들을 바로 '나실인'이라 칭했다.

나실인의 헌신 기간은 따로 정해지지 않았고, 오직 하나님께 자신의 전부를 드리고자 스스로 또는 부모가 서원하면 나실인으로 살아갈 수 있었다. 그 헌신의 표는 독주를 마시지 않는 것과 머리에 삭도를 대지 않는 것이었다. 6장 1-21절 말씀은 바로 이런 나실인들을 위한 규례를 기록한 것이다.

> 이는 곧 서원한 나실인이 자기의 몸을 구별한 일로 말미암아 여호와께 헌물을 드림과 행할 법이며 이외에도 힘이 미치는 대로 하려니와 그가 서원한 대로 자기의 몸을 구별하는 법을 따라 할 것이니라 민 6:21

하나님은 이처럼, 나실인의 규례를 말씀하신 후 모세를 불러 이스라엘에게 축복을 빌라고 하신다. 왜 나실인 규례부터 말씀하신 후에 곧바로 축복의 말씀을 주셨을까?

앞서 말한 대로 나실인은 구별한 사람, 곧 '하나님께 헌신한 사람'을 뜻하므로, 이스라엘이 하나님께 헌신해 살면 본문과 같은 축복을 누릴 거라는 하나님의 약속을 결론처럼 보여주시는 것 같다.

그런 면에서 "이스라엘 자손을 위하여 이렇게 축복하라"(민 6:23)라고 하실 때 그 "이스라엘 자손"이란, 나실인처럼 하나님께 전심을 다해 믿음으로 사는 하나님의 백성을 말한다.

이것은 이스라엘 백성이 되었다는 그 자체만으로는 하나님의 축복에 이르지 못한다는 뜻이기도 하다. 우리가 모태신앙인이라는 이유, 또한 교회에 다닌다는 이유만으로는 하나님의 풍성하신 축복을 누릴 길이 없다는 얘기이다.

구약성경을 보라. 이스라엘이 나실인의 정신을 잃어버렸을 때 하나님의 진노는 무섭고도 가차 없이 임했다. 마찬가지이다. 우리는 그리스도인이 됨으로 하나님의 축복을 약속받았지만, 그렇다 해도 나실인의 정신을 잃어버린 채 육신의 소욕을 좇아 살면 하나님께서 약속하신 축복을 누릴 수 없다. 하나님께 우리 자신을 전적으로 구별하여 헌신하며 살아가는 토양에서라야 하나님께서 약속하신 축복의 열매를 맺을 수 있다.

복 중의 복, 친밀하심

하나님은 그분께 헌신된 이들에게 어떤 축복을 약속하셨을까?

여호와는 네게 복을 주시고 너를 지키시기를 원하며 여호와는 그의 얼굴을 네게 비추사 은혜 베푸시기를 원하며 여호와는 그 얼굴을 네게로 향하여 드사 평강 주시기를 원하노라 할지니라 하라 민 6:24-26

이 이상 복된 말씀이 또 있을까 싶을 정도로 이 말씀은 너무도 아름답다. 이 말씀에 의하면 이스라엘 자손에게 주어진 축복의 약속은 다음과 같다. 하나님께서 그들에게 복을 주시며 그들을 지키시고, 그 얼굴을 비추사 은혜를 베푸신다는 것이다. 사실 복을 주신다는 말씀은 인간을 창조하신 날부터 지금까지 변함없이 하나님께서 전하시는 중요한 메시지이다.

그런데 그 복을 주실 때 '하나님의 얼굴'을 비추어 은혜를 베푸신다고 한다. 얼굴이란 인격의 모든 것을 나타내는 상징이다. 그래서 누군가의 사랑도, 거룩도 그 얼굴에 나타난다. 분노도 얼굴에 나타나고 인자와 자비도 얼굴에 나타난다. 그러므로 '하나님의 얼굴'이란 표현을 쓰며 복을 약속하셨다는 것은 인간을 향한 하나님의 친밀하심을 최고로 표현한 것이라 하겠다.

그들이 자기 칼로 땅을 얻어 차지함이 아니요 그들의 팔이 그들을 구원함도 아니라 오직 주의 오른손과 주의 팔과 주의 얼굴의 빛으로 하셨으니 주께서 그들을 기뻐하신 까닭이니이다 시 44:3

애굽에서 종살이하는 이스라엘을 향해 하나님의 구원하심이 나타났는데, 그것은 바로 하나님의 얼굴빛이며, 이는 하나님께서 저희를 기뻐하신 까닭이라 하신다. 다시 말해 하나님께서 복을 주신다는 것은 하나님께서 그를 주목하여 그를 기뻐하겠고, 그에게 하나님의 친밀하심(얼굴)을 나타내시겠다는 뜻이다.

여호와의 친밀하심이 그를 경외하는 자들에게 있음이여 그의 언약을 그들에게 보이시리로다 시 25:14

이 구절에서 말하는 하나님의 언약이 무엇이겠는가? 다름 아닌 하나님의 축복의 약속, 즉 하나님의 친밀하심을 말한다.

오랫동안 우리 교회는 예배를 시작하는 시간에 〈하나님은 우리를 긍휼히 여기사〉라는 찬양을 불렀다. 그것은 바로 이 시편 말씀을 마음에 새기기 위해서였다.

하나님은 우리에게 은혜를 베푸사 복을 주시고 그의 얼굴빛을 우리에게 비추사 시 67:1

본문 26절은 이 하나님의 주목하심을 더욱 강하게 묘사하고 있다.

여호와는 그 얼굴을 네게로 향하여 드사 평강 주시기를 원하노라 할지니라 하라

이 말씀을 '하나님의 시선'이라는 각도에서 자세히 보라. 위대하고 지극히 높으신 하나님께서 낮고 천한 우리를 내려다보시는 것이 아니다. 우리를 주목하시되 훈계하듯이 내려다보면서 말씀하시는 것이 아니다. 우리의 시선보다 낮은 곳에서 우리를 향해 그 얼굴을 드신다는 것이다.

우리가 죄 가운데 고개를 떨구고 있을 때, 놀랍게도 하나님은 우리를 올려다보신다는 것이다. 이 얼마나 놀라운 사랑인가! 우리와 눈높이를 맞추시는 정도가 아니라 우리 아래에서 우리를 올려다보며 주목하시는 하나님 사랑의 축복!

하나님은 이 사랑을 예수님의 십자가에서 나타내셨지만 우리는 너무나 자주 하나님의 얼굴을 외면해 버린다. 그럼에도 하나님은 변함없이 우리의 얼굴을 주목하시며 그분의 친밀하심을 구체적으로 나타내신다. 본문에 나타나는 다음 구절들을 짚으며 묵상해 보라.

너를 지키시기를
은혜 베푸시기를
평강 주시기를

'지키다'의 히브리어 원어 '샤마르'는 '가시로 울타리를 치다'라는 의미를 담고 있다. 이는 커다란 가시가 있는 나무가 외부의 침입을 막아 주는 것에서 비롯된 단어다. 이와 관련된 시편 말씀을 보라.

여호와의 천사가 주를 경외하는 자(주께 헌신된 자들)를 둘러 진치고 그들을 건지시는도다 시 34:7

가시로 울타리를 치듯이 여호와의 천사가 하나님의 사람들을 둘러 진 치고 지키게 하신다는 약속이다.

그렇다면 이 험악하며 예측불허인 세상에서 '지키신다'라는 이 약속의 말씀이야말로 얼마나 놀라운 은혜의 말씀인가. 우리가 자식을 군에 보내거나 단기선교를 보낼 때 마음의 소원을 담아 〈하나님은 너를 지키시는 자〉(시 121편)라는 찬양을 부르는 것도 바로 이런 이유 때문이다.

우리 모두 여호와를 경외하며 하나님께 그 삶을 헌신함으로, 이와 같은 '지키심'의 은혜를 누리게 되기를 소원한다.

선물보다 중요한 무엇

우리를 향하신 하나님의 친밀하심에 대한 표현은 본문의 단어 하나하나에 잘 나타나 있다. 본문 25절의 '은혜 베푸시다'라는 표현을 히브리어 원어로 살펴보면 이 말에는 '아랫사람을 향하여 상체를 구부리다'라는 뜻이 있다. 우리 연약한 인생의 아픔을 치유하시기 위해 친히 허리를 굽혀 수고하시는 하나님의 모습을 담은 구절이 바로 '은혜 베푸심'이다.

하나님은 넘어지고 깨어진 우리를 향해 꼿꼿하게 선 채로 "일어나라!"라고 명령하는 분이 아니라 상체를 굽혀 우리를 붙들어 세우시고 아픈 곳을 만져주시는 분이심을 알 수 있다.

천지 만물을 주관하시는 창조주 하나님께서 나 한 사람에게 허리를 숙여 나의 아픔에 귀 기울여 주신다는 이 사실이 놀랍지 않은가? 하나님은 이토록 엄청난 사랑을 부어주시는 사랑의 하나님이심을 단어마다 구절마다 보여주신다.

그 하나님께서 또한 우리에게 "평강 주시기를"(26절) 원하신다. 여기서 '평강'이란 '온전함'을 뜻하는데, 온전함이야말로 하나님께서 사람들에게 주시는 최고의 축복이라 할 수 있다. 온전함 자체가 '부족함이 없는 상태'를 뜻하기 때문이다.

그런 면에서 시편 23편 1절의 "여호와는 나의 목자시니 내게 부족함이 없으리로다"라는 표현도 평강을 노래한다고 말할 수 있다. 다음 구절도 마찬가지이다.

> 너희 성도들아 여호와를 경외하라 저를 경외하는 자에게는 부족함이 없도다 시 34:9

이것이 바로 평안이다. 주께서 주신 평안은 아무 부족함을 느끼지 않게 만든다. 그런 면에서 하나님의 복 있는 사람들이 부르는 가장 아름다운 찬양은 '주님의 평안함'을 노래하는 찬양이라 할 수 있다. 하나님은 지금도 우리에게 말할 수 없이 아름답고 놀라운 축복을 주시는 분이므로 우리는 여호와로 인해 부족함이 없는 존재이기 때문이다.

본문을 통해 절대 잊지 말아야 할 것이 있다. 이 축복이 어디서부터 오느냐는 질문이다. 우리는 자칫 축복의 내용에만 감탄할 뿐, 그 축복을 주신 분에 대해서는 잊기 쉽다. 그러나 선물보다 중요한 게 선물을 주신 분의 마음이요, 선물을 주신 분 그 자체이다. 그래서 본문 24-26절은 계속해서 '여호와는'이라는 복의 주체를 강조한다.

여호와는 네게 복을 주시고 너를 지키시기를 원하며

여호와는 그의 얼굴을 네게 비추사 은혜 베푸시기를 원하며

여호와는 그 얼굴을 네게로 향하여 드사 평강 주시기를 원하노라 할지니라 하라

그리고 본문 27절에서는 결론처럼 말씀을 마무리한다.

그들은 이같이 내 이름으로 이스라엘 자손에게 축복할지니 내가 그들에게 복을 주리라

이스라엘을 향한 축복기도는 언제나 제사장들이 했다. 그러나 그 축복을 이루시는 분은 하나님이다.

"내 이름으로 내가 그들에게 복을 주리라(I will bless them)."

하나님은 지금도 나실인으로 살고자 하는 우리에게 이 축복의 말씀을 하고 계신다. 하나님은 우리에게 그토록 복 주기를 원하신다.

그러므로 우리가 하나님을 바라보며 자신을 하나님께 드리기만 하면 하나님은 반드시 이 엄청난 축복의 언약을 우리 삶 속에서 이루실 것이다. 하나님은 본질상 우리에게 복 주기를 기뻐하시는, 만복의 근원이시다.

07

건강한 교회로 만들어가시는 하나님

민수기 7장 1-11절

1 모세가 장막 세우기를 끝내고 그것에 기름을 발라 거룩히 구별하고 또 그 모든 기구와 제단과 그 모든 기물에 기름을 발라 거룩히 구별한 날에 2 이스라엘 지휘관들 곧 그들의 조상의 가문의 우두머리들이요 그 지파의 지휘관으로서 그 계수함을 받은 자의 감독된 자들이 헌물을 드렸으니 3 그들이 여호와께 드린 헌물은 덮개 있는 수레 여섯 대와 소 열두 마리이니 지휘관 두 사람에 수레가 하나씩이요 지휘관 한 사람에 소가 한 마리씩이라 그것들을 장막 앞에 드린지라 4 여호와께서 모세에게 말씀하여 이르시되 5 그것을 그들에게서 받아 레위인에게 주어 각기 직임대로 회막 봉사에 쓰게 할지니라 6 모세가 수레와 소를 받아 레위인에게 주었으니 7 곧 게르손 자손들에게는 그들의 직임대로 수레 둘과 소 네 마리를 주었고 8 므라리 자손들에게는 그들의 직임대로 수레 넷과 소 여덟 마리를 주고 제사장 아론의 아들 이다말에게 감독하게 하였으나 9 고핫 자손에게는 주지 아니하였으니 그들의 성소의 직임은 그 어깨로 메는 일을 하는 까닭이었더라 10 제단에 기름을 바르던 날에 지휘관들이 제단의 봉헌을 위하여 헌물을 가져다가 그 헌물을 제단 앞에 드리니라 11 여호와께서 모세에게 이르시기를 지휘관들은 하루 한 사람씩 제단의 봉헌물을 드릴지니라 하셨더라

다음에서 말하는 여덟 가지는 무엇에 관한 내용일까?

"잠을 충분히 잔다, 아침 식사를 반드시 한다, 규칙적으로 세 끼 식사를 하고 간식은 삼간다, 규칙적으로 운동을 한다, 정상체중을 유지한다, 술을 마시지 않는다, 담배를 피우지 않는다, 약물을 남용하지 않는다."

누구든 이 여덟 가지 사항을 들으면 이것이 '건강하게 오래 사는 비결'이라는 것을 쉽게 알 수 있다. 미국의 의학자 브래슬로와 벨룩의 연구에 의하면, 이 사항들을 모두 지키며 사는 사람은 이들 중 세 가지 이하로 지키는 사람보다 11년 이상 건강하게 살 수 있다고 한다.

당신은 어떤가? 아마 첫 번째 '잠을 충분히 잔다'부터 본인에게는 해당되지 않는다고 여기는 사람이 꽤나 많을 것이다.

현대인의 소망 중 단연 1위는 건강하게 사는 것이다. 많은 사람이 경험했겠지만, 일단 건강을 잃으면 아무리 뛰어난 재능을 지녔다 해도 그 재능을 제대로 발휘할 수 없고, 삶을 위협하는 경제 문제나 그 외 다른 문제들을 헤쳐갈 근간조차 사라진다. 건강을 지키는 것은 풍요로운 삶을 위한 가장 중요한 기초요 근본이다.

그래서 종종 어른들은 우리 몸은 쇳덩어리가 아니라며 건강관리를 당부하신다. 그럼에도 우리는 때로 건강을 잃기도 하고, 그러다 회복하기도 하는데, 어쩌면 이것이야말로 우리 몸이 생명체라는 증거일 수 있다. 생명체이기 때문에 때때로 좋아지거나 나빠지는 양상을 보이는 것이다.

교회 역시 사람의 몸처럼 유기적인 생명체이다. 성경은 교회를 '그리스도의 몸'이라 표현하면서 교회의 머리는 그리스도요 몸의 지체는 성도들이라고 말씀한다. 성도인 우리는 교회라는 '그리스도의 몸'에 붙어 있는 지체이다.

그러므로 우리 각 개인의 건강이 중요하다면 그리스도의 몸인 교회의 건강은 그 이상으로 중요하다고 하겠다. 교회의 건강은 그 교회의 몸을 이루는 모든 성도의 상태를 대변하기 때문이다. 교회의 영적 상태가 건강할 때 그 몸의 지체인 우리 역시 건강한 마음과 영혼으로 건강한 삶을 살 수 있음은 당연한 일이다.

광야 이스라엘의 모습 속에는 건강한 교회가 되기 위한 몇 가지 비결이 나타난다. 본문을 통해 그 비결을 찾고, 이를 교회에 적용해 건강한 교회들이 세워지기를 소원하며 본문으로 들어가 보자.

나의 가장 소중한 것을 드림으로

모세가 장막 세우기를 끝내고 그것에 기름을 발라 거룩히 구별하고 또 그 모든 기구와 제단과 그 모든 기물에 기름을 발라 거룩히 구별한 날에 민 7:1

출애굽기 40장 1-10절에는 정월 초하루에 성막을 세운 후, 성막의 모든 기구에 기름을 바른 내용이 나온다. 첫 번째로 기름을 바른 이 일은 '성막 낙성식'을 위한 것이었다. 반면 본문의 배경이 되는 민수기 7장 1절의 기름 바름은 '성막 봉헌'을 위한 의식으로, 2월 8일에서 19일 사이에 있었다.

이어지는 2절은 성막 봉헌 의식 가운데 각 족장들이 자원하여 예물을 드린 일을 언급하고, 12-83절에는 하나님의 명령을 따라 이스라엘 12지파가 하나님께 예물을 드린 내용이 나온다.

사실 이스라엘에 성막이 세워졌다는 것은 하나님의 백성들에게 생명처럼 소중하고 중요한 일이 일어났다는 것이다. 성막은 이스라엘 백성이 살아있음에 대한 징표와도 같기 때문이다. 그러나 성막이 세워졌다는 것만으로 만족할 일은 아니었다. 하나님의 백성인 이스라엘은 살아있으되 건강한 광야교회로 존재해야 했기 때문이다.

그 건강한 교회로 살아있을 수 있는 첫 번째 비결이자 비밀이 본문 2절 이하에서 소개된 '드림'이었다. 그들이 드린 예물에는 자원하여 드린 것과 하나님의 명을 따라 드린 것이 있었다. 자원하여 드리는 예물의 중요성은 사도 바울이 고린도교회를 향해 권면한 말씀에서도 찾아볼 수 있다.

각각 그 마음에 정한 대로 할 것이요 인색함으로나 억지로 하지 말지니 하나님은 즐겨 내는 자를 사랑하시느니라 고후 9:7

이에 대한 말씀은 성경 곳곳에서 이어진다.

만군의 여호와가 이르노라 너희의 온전한 십일조를 창고에 들여 나의 집에 양식이 있게 하고 그것으로 나를 시험하여 내가 하늘 문을 열고 너희에게 복을 쌓을 곳이 없도록 붓지 아니하나 보라 말 3:10

예물이 아니라 나 자신을 드리는 것에 관한 말씀도 있다.

너는 진리의 말씀을 옳게 분별하며 부끄러울 것이 없는 일꾼으로 인정된 자로 자신을 하나님 앞에 드리기를 힘쓰라 딤후 2:15

이 말씀을 볼 때, 하나님 앞에 예물을 온전히 드림이 없이 자신을 하나님 앞에 온전히 드릴 수 없다는 사실을 기억해야 한다. 우리가 알듯이 물질이란 마음이 있는 곳으로 움직이기 때문이다. 물질을 하나님께 드리는 것은 그분을 향한 우리의 신뢰와 사랑의 표현이라 하겠다.

본문 2,3절에서 족장들은 서로 합의하여 덮개 있는 수레 여섯과 소 열둘을 하나님께 드렸다. 이때 그들은 성막 봉헌에 가장 적절한 예물을 드리려는 마음으로 예물을 준비했을 것이다.

이처럼 건강한 교회를 이루기 위한 첫 번째 비결은 가장 합당하고 정성스럽게 예물을 드리는 것, 나의 소중한 것을 구별해서 하나님의 것으로 봉헌하는 삶이라 할 수 있다.

존재가치를 인정하고 은사대로 충성함으로

족장들이 하나님께 예물을 드리자 하나님은 드려진 예물에 대해 직접 말씀하신다. 이 같은 모습은 놀라움을 안겨준다. 전지전능하고 모든 만유의 주인이신 하나님께서 그분의 백성들이 드린 예물을 주목하고 그에 대해 구체적으로 언급하신다는 게 신기하기까지 하다. 백성들이 자원하여 드리는 모습을 보며 그들을 주목하시고, 그에 대해 감동하는 하나님이시라니….

여호와께서 모세에게 말씀하여 이르시되 그것을 그들에게서 받아 레위인에게 주어 각기 직임대로 회막 봉사에 쓰게 할지니라 민 7:4,5

하나님은 족장들이 드린 예물의 사용 용도를 모세에게 구체적으로 말씀하시며 '직임대로'라는 표현을 쓰셨다. 이 표현은 무슨 의미일까?

앞서 민수기 4장에서 레위 지파 세 자손에게 주어진 직임을 보았다. 고핫 자손에게는 성구를 메고 이동시키는 일, 므라리와 게르손 자손에게는 성막의 여러 기구를 이동시키는 일이 맡겨졌다.

그래서 모세는 게르손 자손에게는 수레 여섯과 소 열두 마리를, 므라리 자손에게는 수레 넷과 소 여덟 마리를 주어 성막의 여러 기구를 이동시키게 했다. 고핫 자손에게는 아무것도 주지 않았는데(6-9절), 그것은 그들의 직임이 성구를 어깨로 메고 옮기는 일이었기 때문이다.

족장들이 드린 예물이 레위인 세 가족에 분배되는 과정을 보면서, 하나님의 교회가 건강하기 위한 두 번째 비결을 읽어낼 수 있다. 하나님께서 그분의 교회가 온전하고 건강하기 위해 지체들에게 다양한 은사를 주셨다는 게 그 비밀이다.

> 그가 어떤 사람은 사도로, 어떤 사람은 선지자로, 어떤 사람은 복음 전하는 자로, 어떤 사람은 목사와 교사로 삼으셨으니 이는 성도를 온전하게 하여 봉사의 일을 하게 하며 그리스도의 몸을 세우려 하심이라 엡 4:11,12

로마서 12장에서도 성도 각자에게 맡겨진 직임에 따른 은사를 자세히 말씀하고 있다.

> 내게 주신 은혜로 말미암아 너희 각 사람에게 말하노니 마땅히 생각할 그 이상의 생각을 품지 말고 오직 하나님께서 각 사람에게 나누어 주신 믿음의 분량대로 지혜롭게 생각하라 우리가 한 몸에 많은 지체를 가졌으나 모든 지체가 같은 기능을 가진 것이 아니니 이와 같이 우리 많은 사람이 그리스도 안에서 한 몸이 되어 서로 지체가 되었느니라 우리에게 주신 은혜대로 받은 은사가 각각 다르니 혹 예언이면 믿음의 분수대로, 혹 섬기는 일이면 섬기는 일로, 혹 가르치는 자면 가르치는 일로, 혹 위로하는 자면 위로하는 일로, 구제하는 자는 성실함으로, 다스리는 자는 부지런함으로, 긍휼을 베푸는 자는 즐거움으로 할 것이니라 사랑에는 거짓이 없나니 악을 미워하고 선에 속하라 형제를 사랑하여 서로 우애하고 존경하기를 서로 먼저 하며 부지런하여 게으르지 말고 열심을 품고 주를 섬기라 소망 중에 즐거워하며 환난 중에 참으며 기도에 항상 힘쓰며 성도들의 쓸 것을 공

급하며 손 대접하기를 힘쓰라 **롬** 12:3-13

건강한 교회는 이처럼 성도 각자가 자신에게 주어진 직임에 따라 하나님께서 주신 은사를 바르게 인식하고 사용할 줄 안다. 므라리 자손이 고핫 자손을 부러워하거나 고핫 자손이 수레를 받은 므라리 자손을 시기하지 않는다. 이에 대해 고린도전서 12장에서는 이같이 말씀한다.

은사는 여러 가지나 성령은 같고 직분은 여러 가지나 주는 같으며

고전 12:4,5

생활 습관의 한 부분이라도 구멍이 나서 무너지면 몸이 건강을 잃는 것처럼, 교회에서도 누군가 자신의 직분에 따라 맡겨진 일에 충성하지 않으면 교회의 건강은 상할 수밖에 없다. 즉 우리는 모두 교회의 몸을 이루는 지체로 부름 받은 존재이기에, 우리 중 불필요한 사람은 없다 (고전 12:14-24).

그러므로 우리는 어떤 타이틀이나 일을 맡게 되든, 우리 자신이 하나님의 필요에 의해 세워진 고귀한 사람임을 인정하고 그것의 가치를 하나님 안에서 소중하게 부여받을 줄 알아야 한다. 각 지체가 자신과 타인의 존재가치를 하나님 안에서 발견하고, 각자의 직임에 따라 맡겨진 은사를 충성스럽게 감당할 때 교회를 건강하게 세워나갈 수 있다.

나로부터 시작되는 교회의 건강

이제 건강한 교회를 이루기 위한 세 번째 비결을 알아보자.

본문 12절-83절에서는, 유다 지파로부터 시작하여 납달리 지파에 이르기까지 성막 주위에 진영을 베푸는 순서나 행진하는 순서에 따라 봉헌예물을 드리는 모습이 소개된다. 그런데 이 예물을 드릴 때 한 가지 특이한 사항이 나타난다.

> 여호와께서 모세에게 이르시기를 지휘관들은 하루 한 사람씩 제단의 봉헌물을 드릴지니라 하셨더라 민 7:11

열두 명이 한꺼번에 예물을 드려도 될 것 같은데 왜 하나님은 하루에 한 사람씩 봉헌예물을 드리도록 하셨을까? 한꺼번에 드리면 복잡해서였을까? 만약 그랬다면 한꺼번에 둘씩 드리거나, 오전 오후로 나누어 드려도 되었을 텐데, 하나님은 굳이 12일 동안 하루에 한 명씩만 예물을 드리게 하셨다. 더구나 열두 지파 족장들이 하나님께 드린 예물은 모두 같았다.

그들은 모두 성소의 세겔로 120세겔 무게의 은반과 70세겔 무게의 은바리 두 그릇에 기름 섞은 고운 가루를 구별하여 소제물로 드렸다. 그리고 번제물(수송아지 1마리, 숫양 1마리, 1년 된 어린 숫양 1마리), 속죄제물(숫염소 1마리), 화목제물(수소 2마리, 숫양 5마리, 숫염소 5마리, 1년 된 어린 숫양 5마리)을 드렸다.

열두 지파 족장들이 드린 예물이 이렇게 똑같았다는 것은 무엇을 뜻

할까? 그것은 열두 지파를 하나의 공동체(동질감)로 인식시키기 위한 것으로 보인다.

이스라엘 백성, 아니 우리는 하나님 앞에 드려지는 제물(예수님의 십자가) 없이는 설 수 없는 똑같은 죄인들이다. 우리 모두 하나님 앞에서 높은 자도 낮은 자도 없는 사람들이다. 오직 하나님만 높으시며 예수 그리스도만이 우리의 주가 되실 뿐, 우리는 예수 그리스도의 십자가 보혈의 은혜로만 구원받을 수 있는 똑같은 사람들이다.

하나님은 이렇게 똑같은 죄인들을 향해 똑같은 예물의 내용을 받으셨고, 또한 하루에 한 명씩만 예물을 드리도록 하셨다.

그렇다면 왜 굳이 족장들이 하루에 한 명씩만 예물을 드리도록 하셨을까? 여기서 이스라엘 12지파 하나하나를 주목하시는 하나님의 시선을 느낄 수 있기를 바란다. 하나님은 이스라엘 12지파를 함께 보시는 동시에, 한 사람 한 사람의 믿음과 신앙과 헌신을 주목해 보신다.

광야 행진을 할 때 하나님은 이스라엘 백성 모두가 하나님 앞에 각각 하나의 교회로 바로 서기를 원하셨다. 그래서 한 사람 한 사람이 하루씩 예물을 드리는 모습이 필요했던 것이다. 하지만 이스라엘 모든 백성이 그렇게 하기는 불가능하기에 각 지파의 족장이 따로따로 봉헌하고, 족장의 봉헌이 곧 그 지파 모두의 봉헌이 되도록 하셔서, 지파에 속한 각 개인이 하나님 앞에 서도록 의도하셨다.

교회의 건강함은 이처럼 각 개인이 하나님 앞에 얼마나 충성스럽게 서 있느냐에 달려 있다. 당신의 건강 상태, 당신의 영성이 바로 당신이 섬기는 교회의 영성이요 건강 상태이다. 교회가 어떤 모습이냐에 따라 성도 한 사람 한 사람의 모습이 어떤 모습인지 결정되기도 하지만, 사실은 성도인 당신이 어떤 모습으로 서느냐에 따라 교회의 모습도 달라진다.

당신의 가정이 영적으로 병들면 교회도 병든 교회가 된다. 당신이 기도하지 않는다면 교회도 기도하지 않는 교회가 된다. 만약 당신이 고난 속에서도 하나님을 찬양하고 하나님을 기쁨으로 소망한다면, 그것이 곧 당신이 섬기는 교회의 영성이요 모습이 될 것이다.

하나님은 이처럼 우리 한 사람 한 사람이 기도하며 예배하기를 원하시고, 하나님 앞에 건강하게 서기를 바라신다. 한 사람의 영적 상태가 이렇게 중요하다. 한 사람의 영적 건강성이 교회의 건강성으로 연결되기 때문이다.

육체의 건강은 인생을 살아가는 데 매우 중요한 요소인 것은 틀림없으나, 그보다 더 중요한 것은 영적인 건강 상태이다. 그래서 성도는 영적인 건강을 지켜나가기 위해 영적 몸부림을 쳐야 한다. 건강한 교회를 향한 건강한 비전을 품을 줄 알아야 한다. 그런 성도를 통해 교회는 더욱 건강하게 세워져 간다.

지성소에 서게 하시는 하나님

민수기 7장 89절

모세가 회막에 들어가서 여호와께 말하려 할 때에 증거궤 위 속죄소 위의 두 그룹 사이에서 자기에게 말씀하시는 목소리를 들었으니 여호와께서 그에게 말씀하심이었더라 초등학교 시절, 뜻밖의 황당한 일을 겪은 적이 있다. 당시 우리 가족 중 누구도 예수님을 믿지 않다 보니 부모님이나 친척들은 미신의 구습을 따라 살고 있었다.

어느 날 외삼촌이 우리 집에 찾아와 "이 근처에 몸에 좋은 생명수를 파는 곳이 있다, 어떤 병에 걸렸든지 그곳에서 파는 생명수를 마시면 누구든 다 낫는다"라며 호언장담하고는 특별히 아픈 곳도 없는 나를 데리고 거기에 갔다.

여느 집과 다름없어 보이는 그 집 앞에는 많은 사람이 문전성시를 이루고 있었다. 줄을 서서 기다리는 우리에게 한 가지 특명이 떨어졌는데 집 안으로 들어갈 때부터 절대로 눈을 뜨지 말라는 것이었다. 시키는 대로 따라 하다가 무릎 앞에 생명수가 놓이면 그것을 가지고 나오면 된다고 했다.

드디어 내 순서가 되어 집 안으로 들어갔다. 나는 시키는 대로 눈을 감았으나 감은 눈 안으로 들어온 빛의 세기가 보통 이상이었던 걸로 보아 꽤나 밝은 등을 켜놓았던 것 같다.

방 가운데 무릎을 꿇고 앉은 나는 전체적인 분위기에 눌려 긴장감을 늦추지 못했는데 얼마 후 누군가 내 주위를 빙빙 도는 듯한 인기척을 느꼈다. 놀랍게도 그 사람은 찬송가를 불렀는데 목소리로 보아 초등학생쯤으로 느껴졌다.

그쯤 되니 너무 궁금해 더는 견딜 수가 없었다. 그래서 몰래 실눈을 뜨고 보았더니 흰옷을 입은 소녀가 내 주위를 빙빙 돌며 찬송을 부르고 있었다. 잠시 후, 내 무릎 앞에는 그 소녀가 갖다준 소위 '영생수'가 소주병에 담긴 채 놓여 있었다.

하도 오래전의 일이라 그 후 그 영생수에 어떤 효험이 있었는지는 기억나지 않지만, 더는 그곳에 간 기억이 없는 것을 보면 대수롭지 않은 물이었던가 보다. 무엇보다 내 주위를 돌던 여자아이를 보고 사람들이 '천사'라 말한 것을 생각해보면 그곳은 완전 사이비 집단이었음이 틀림없다.

오래전의 일을 새삼 꺼내놓는 이유는 그때 그 방에 들어가 앉아 있을 때의 내 마음이 지금도 생생하게 느껴져서이다. 가짜 천사를 동원해 눈을 뜨지 못하게 했던 그 순간, 인위적으로 조작된 분위기 속에서도 나는 말할 수 없는 신비감과 경외심에 사로잡혀 꼼짝을 못했었다. 이게 바로 연약한 인간의 모습이라는 것을 그때 그 일 속에서 확인하게 된다.

먼저 찾아오시는 은혜의 하나님

이처럼 왜곡된 분위기 속에서도 보통 사람은 그런 신비감에 사로잡히기 마련이다. 그렇다면 이스라엘의 지도자 모세가 하나님께서 구별하신 성막에 들어가려 할 때의 경외심은 도대체 얼마나 컸을까?

본문을 통해 만군의 여호와 하나님, 그분의 임재하심이 있는 거룩한 처소에 인간이 들어간다는 게 얼마나 엄청난 일인지 충분히 짐작할 수 있다. 본문의 모세는 바로 그런 엄청난 현장 가운데 놓인 사람이다.

모세가 회막에 들어가서 여호와께 말하려 할 때에 증거궤 위 속죄소 위의 두 그룹 사이에서 자기에게 말씀하시는 목소리를 들었으니 여호와께서 그 에게 말씀하심이었더라 민 7:89

물론 모세에게는 이미 하나님의 거룩하심 앞에 수없이 섰던 경험이 있었다. 그가 호렙산에서 양무리를 칠 때 하나님은 그를 부르시며 다음처럼 말씀하셨다.

하나님이 이르시되 이리로 가까이 오지 말라 네가 선 곳은 거룩한 땅이니 네 발에서 신을 벗으라 출 3:5

그 이후 모세는 하나님의 성막을 세우고 봉헌예식을 거행한 뒤, 본문처럼 또다시 하나님의 거룩하심 앞에 서게 된다. 아마도 그때 모세는 출애굽기 40장 34,35절 말씀의 현장을 떠올렸을 테고, 이때도 그때처럼 여호와의 영광이 충만히 임한 것이 회막을 덮는 구름으로 나타났을 것이다.

구름이 회막에 덮이고 여호와의 영광이 성막에 충만하매 모세가 회막에 들어갈 수 없었으니 이는 구름이 회막 위에 덮이고 여호와의 영광이 성막에 충만함이었으며 출 40:34,35

회막 지성소에 하나님의 영광이 충만하게 임하셨음을 나타내는 외적 증거는 구름이 회막 위에 덮이는 모습이었다. 그렇게 구름이 회막 위에 덮이면 인간 모세는 감히 회막에 들어갈 수 없었다.

왜 모세가 지성소 안으로 들어갈 수 없었겠는가? 구름 때문에 앞이 안 보여 천지 분간을 할 수 없었기 때문이었을까? 아니다. 구름 가운데 계신 '여호와의 영광'이 충만하여 모세를 지성소 안으로 들어갈 수 없게 했다.

모세를 포함한 이 땅의 그 누구도 하나님의 영광 앞으로는 나아갈 수가 없다. 하나님의 영광 앞에 자신이 노출된다는 건 곧 '죽음'을 의미하기 때문이다.

블레셋과의 전쟁에서 빼앗겼던 '하나님의 법궤'가 수레에 실려 이스라엘 지경 벧세메스로 돌아올 때의 일을 보라. 그때 벧세메스 사람들은 중대한 과오를 범하고 만다.

벧세메스 사람들이 여호와의 궤를 들여다 본 까닭에 그들을 치사 (오만) 칠십 명을 죽이신지라 여호와께서 백성을 쳐서 크게 살륙하셨으므로 백성이 슬피 울었더라 삼상 6:19

이 일 후에 벧세메스 사람들이 고백한 말을 들어보자.

벧세메스 사람들이 이르되 이 거룩하신 하나님 여호와 앞에 누가 능히 서리요 그를 우리에게서 누구에게로 올라가시게 할까 하고 삼상 6:20

하나님 영광 앞에 노출될 때 벧세메스 사람들이 이렇게 죽임을 당했듯, 모세 또한 죽임 당할 수밖에 없었다. 모세뿐 아니라 우리 모두 마찬가지이다. 그런데 놀랍게도 본문 7장 89절은 이렇게 시작한다.

모세가 회막에 들어가서 여호와께 말하려 할 때에…

감히 모세가 거룩하신 하나님의 임재하심이 있는 회막 안으로 들어가고 있다. 이게 어떻게 된 일일까?

여기서 본문이 생략하는 중요한 사실을 볼 수 있어야 한다. 그건 바로 '하나님의 부르심과 은혜 베푸심'이다. 이것이 없었다면 모세는 이미 하나님의 거룩하심 앞에 노출된 최초의 장소였던 호렙산에서 죽었을 것이다.

사실 우리는 구원이 '우리의 믿음'을 통해 이루어진다고 말하곤 한다. 맞다. 성경은 언제나 우리에게 우리의 믿음을 촉구하며 말씀한다.

이르되 주 예수를 믿으라 그리하면 너와 네 집이 구원을 받으리라 하고
행 16:31

우리는 언제나 이 말씀을 기억해야 한다. 그러나 동시에 이 사실도 잊지 말아야 한다. 우리가 하나님의 이름을 부르기 전에 하나님께서 먼저 우리의 이름을 부르셨고, 우리가 주를 찾기 전에 하나님께서 먼저 우리를 찾아오셨다는 사실이다. 그런 면에서 믿음이란, 먼저 은혜로 찾아오신 주님의 부르심에 대한 우리의 반응이라 말할 수 있다.

사랑은 여기 있으니 우리가 하나님을 사랑한 것이 아니요 하나님이 우리를 사랑하사 우리 죄를 속하기 위하여 화목제물로 그 아들을 보내셨음이니라 요일 4:10

우리가 주의 이름을 부르며 사랑을 고백하기 전에 하나님께서 우리를 먼저 사랑하셨다고 하신다.

우리가 아직 죄인 되었을 때에 그리스도께서 우리를 위하여 죽으심으로 하나님께서 우리에 대한 자기의 사랑을 확증하셨느니라 롬 5:8

모세가 특별히 의로운 사람이었기 때문에 하나님의 회막 안에 들어갈 수 있었던 게 아니다. 하나님께서 그를 은혜 가운데 용납해주셨기에 이 일이 가능했다. 결국 본문은 의로운 자가 아님에도 불구하고 어떻게 하나님의 영광 앞에 설 수 있는지를 보여주는 은혜의 말씀이라 할 수 있다.

속죄소에서 십자가로

모세가 하나님의 은혜로 그분 앞에 설 수 있었던 것처럼 우리도 오직 하나님의 은혜로만 그분의 영광 앞으로 나아갈 수 있다. 그러면 우리가 받은 하나님의 은혜가 무엇인가?

바로 어린양의 보혈이다. "들어오라 지성소로 오라 어린양의 보혈로 써"라는 복음성가의 가사처럼, 자기 힘이나 의로움으로는 하나님 앞에 설 수 있는 사람이 아무도 없다. 오직 어린양의 보혈을 붙잡을 때라야 그분 앞에, 지성소로 들어갈 수 있다. 본문인 민수기 7장 89절은 이 사실을 알려준다.

모세가 회막에 들어가서 여호와께 말하려 할 때에 증거궤 위 속죄소 위의 두 그룹 사이에서 자기에게 말씀하시는 목소리를 들었으니 여호와께서 그에게 말씀하심이었더라

하나님께서 모세를 영광 가운데 부르시고는 어디에서 말씀하시는지를 보라. 바로 "증거궤 위 속죄소 위의 두 그룹 사이"에서이다. 하나님의 심판을 막고 있는 법궤 뚜껑인 속죄소, 그곳이 바로 하나님께서 모세를 만나시는 장소였다.

하나님의 증거궤에 담긴 말씀대로라면 모세는 이미 죽었어야 한다. 그는 우리와 똑같이, 거룩하지 않은 죄인이기 때문이다. 말씀에 의하면 "죄의 삯은 사망"(롬 6:23)이다.

그런데 하나님은 증거궤를 '여시며' 법궤 곧 율법으로 모세를 부르지

않으셨다. 법궤를 '덮고 있는' 하나님의 은혜의 자리인 속죄소에서 말씀하셨다. 그분은 '은혜'로 모세에게 말씀하셨다.

속죄소는 거룩하신 하나님과 죄인 된 인간이 만날 수 있는 유일한 은혜의 자리(시은좌)이다. 천지를 창조하신 거룩하신 하나님께서 그분을 배반하고 떠난 죄인 된 인간과 만나시려고 이 속죄소를 두셨다.

그렇다면 오늘날의 속죄소는 어디인가? 신약성경에서는 다음과 같이 말씀한다.

> 이 예수를 하나님이 그의 피로써 믿음으로 말미암는 화목제물로 세우셨으니 이는 하나님께서 길이 참으시는 중에 전에 지은 죄를 간과하심으로 자기의 의로우심을 나타내려 하심이니 롬 3:25

구약의 속죄소는 신약성경에 와서 '화목제물'(Propitiation)이라는 말로 쓰인다.

> 사랑은 여기 있으니 우리가 하나님을 사랑한 것이 아니요 하나님이 우리를 사랑하사 우리 죄를 속하기 위하여 화목제물로 그 아들을 보내셨음이니라 요일 4:10

그렇다. 거룩하신 하나님께서 죄인 된 인간을 부르시고 영원한 생명의 말씀을 선포하신 곳은 바로 화목제물 되시는 '예수 그리스도의 십자가'였다. 예수님이 십자가에서 죽으심으로, 죄인 된 우리를 하나님의 거룩한 지성소에 설 수 있게 하는 속죄소요 은혜의 자리이다.

예수께서 십자가에 달려 죽으실 때 일어났던 몇 가지 현상 가운데 하나가 이 사실을 알려준다.

> 예수께서 큰 소리를 지르시고 숨지시니라 이에 성소 휘장이 위로부터 아래 까지 찢어져 둘이 되니라 막 15:37,38

예수님이 운명하시자 성막의 지성소를 막고 있던 성소 휘장이 찢어져 지성소의 영광이 공개되었다. 이는 모든 죄인을 거룩한 곳인 지성소로 초대하신다는 하나님의 최고의 메시지이다. 지성소 가운데에만 임하셨던 하나님의 영광이 예수님이 십자가에서 죽으심으로 인해 이제는 모든 믿는 자의 마음으로 옮겨졌다.

> 너희는 너희가 하나님의 성전인 것과 하나님의 성령이 너희 안에 계시는 것을 알지 못하느냐 누구든지 하나님의 성전을 더럽히면 하나님이 그 사람을 멸하시리라 하나님의 성전은 거룩하니 너희도 그러하니라 고전 3:16,17

> 너희 몸은 너희가 하나님께로부터 받은 바 너희 가운데 계신 성령의 전인 줄을 알지 못하느냐 너희는 너희 자신의 것이 아니라 고전 6:19

예수님이 요한복음 14장 16절에서 말씀하신 '보혜사 성령의 오심'은 바로 '십자가의 죽으심'으로 이루어졌다. 우리는 모두 그 은혜로 하나님의 자녀, 그리스도인이 되었고, 지성소 안에 충만히 임하셨던 하나님께서 이제는 우리 마음 가운데 오시게 되었다. 기막힌 일이 우리에게 벌어진 것이다.

이 얼마나 놀라운 하나님의 은혜인가! 모세가 하나님의 회막에 들어간 것처럼, 이제 우리도 얼마든지 지성소에 들어갈 수 있게 되었다. 예수님의 십자가 죽으심이 화목제물이 되어 하나님의 심판을 막고 있기 때문이다.

인생의 영원한 생수를 얻기 위해

그러나 지금 이 시대는 이 지성소에 대한 경외심을 잃은 지 오랜 것 같다. 우리가 엄청난 은혜로 인해 하나님의 영광 앞에 서게 되었는데, 이제는 그 은혜를 너무 당연시한 나머지 아무런 감격과 감동도 없이 지성소를 바라보는 시대가 되어버렸다.

하나님의 사람 모세가 지성소에서 하나님 앞에 했던 행동이 무엇인가? 그는 경외심을 품고 하나님께 기도했고, 그런 모세를 향해 하나님은 분명히 알아들을 수 있는 목소리로 그분의 말씀을 들려주셨다.

지성소란 바로 그런 곳이다. 하나님을 향한 경외심과 하나님과의 감격스러운 만남, 그리고 그분의 응답이 있는 곳. 그리스도인은 그와 같은 지성소에 서 있어야 하는 사람들이다.

그러므로 우리는 지금 나에게 여호와 하나님이 어떤 분이시며, 예수 그리스도의 이름이 어떤 의미인지를 두려운 마음으로 묻고 답할 수 있어야 한다.

지금 당신은 예수 그리스도를 어떤 마음으로 부르고 있는가? 혹 은혜를 빙자하여, 당신의 구원을 위해 십자가를 지신 그분의 이름을 아무런 감격도 없이 부르고 있지 않은가? 하나님을 만나는 자리인 지성소의 자리를 별 관심도 없이 무덤덤하게 바라보고 있지는 않은가?

지성소가 열리지 않으면 삶은 영원히 무너지고 만다. 모세가 지성소에서 하나님과의 만남을 갖지 못했다면 이스라엘은 광야에서 영원히 사라지고 말았을 것이다. 광야 행진의 능력의 원천, 그곳이 바로 지성소였다.

예수 그리스도의 십자가를 의지해 지성소 안으로 들어가고 하나님과 만나는 감격의 자리를 회복하는 사람만이 이 세상을 넉넉히 이길 수 있다. 지성소! 그곳에서만 우리는 영원한 생명수를 얻을 수 있다.

PART 3

직임과 사명을
감당하는

광야에서

우리는 그리스도께 드려진 선물

민수기 8장 5-19절

5 여호와께서 모세에게 말씀하여 이르시되 6 이스라엘 자손 중에서 레위인을 데려다가 정결하게 하라 7 너는 이같이 하여 그들을 정결하게 하되 곧 속죄의 물을 그들에게 뿌리고 그들에게 그들의 전신을 삭도로 밀게 하고 그 의복을 빨게 하여 몸을 정결하게 하고 8 또 그들에게 수송아지 한 마리를 번제물로, 기름 섞은 고운 가루를 그 소제물로 가져오게 하고 그 외에 너는 또 수송아지 한 마리를 속죄제물로 가져오고 9 레위인을 회막 앞에 나오게 하고 이스라엘 자손의 온 회중을 모으고 10 레위인을 여호와 앞에 나오게 하고 이스라엘 자손이 그들에게 안수하게 한 후에 11 아론이 이스라엘 자손을 위하여 레위인을 흔들어 바치는 제물로 여호와 앞에 드릴지니 이는 그들에게 여호와께 봉사하게 하기 위함이라 12 레위인으로 수송아지들의 머리에 안수하게 하고 네가 그 하나는 속죄제물로, 하나는 번제물로 여호와께 드려 레위인을 속죄하고 13 레위인을 아론과 그의 아들들 앞에 세워 여호와께 요제로 드릴지니라 14 너는 이같이 이스라엘 자손 중에서 레위인을 구별하라 그리하면 그들이 내게 속할 것이라 15 네가 그들을 정결하게 하여 요제로 드린 후에 그들이 회막에 들어가서 봉사할 것이니라 16 그들은 이스라엘 자손 중에서 내게 온전히 드린 바 된 자라 이스라엘 자손 중 모든 초태생 곧 모든 처음 태어난 자 대신 내가 그들을 취하였나니 17 이스라엘 자손 중에 처음 태어난 것은 사람이든지 짐승이든지 다 내게 속하였음은 내가 애굽 땅에서 모든 처음 태어난 자를 치던 날에 그들을 내게 구별하였음이라 18 이러므로 내가 이스라엘 자손 중 모든 처음 태어난 자 대신 레위인을 취하였느니라 19 내가 이스라엘 자손 중에서 레위인을 취하여 그들을 아론과 그의 아들들에게 주어 그들로 회막에서 이스라엘 자손을 대신하여 봉사하게 하며 또 이스라엘 자손을 위하여 속죄하게 하였나니 이는 이스라엘 자손이 성소에 가까이 할 때에 그들 중에 재앙이 없게 하려 하였음이니라

내가 평생 사랑으로 섬겨온 중앙대학교회 안에는 소박하지만 아름다운 일들이 날마다 쏟아진다. 대단하게 내세울 만한 자랑거리는 없지만 하나님께서 허락하신 무형의 선물이 참 많다.

그중 하나가 성탄절마다 하나님께 올려드리는 성탄절 연극일 것이다. 몇 해 전부터 대학교회 교역자들이 교인들에게 드리고 싶은 마음의 선물을 연극이라는 형식에 담아 표현한 이 성탄절 연극은 교인들의 열렬한 호응에 힘입어 지금까지 이어지고 있다. 교인들이 이 연극을 얼마나 기다리는지 지난 추수감사주일에는 기석이라는 아이가 내게 와서 물었다.

"목사님, 연극 또 안 해요? 아, 성탄절에 하지? 아참, 그렇구나!"

혼자 묻고 혼자 답하는 그 아이를 보며 이제는 어른들뿐 아니라 아이들까지 이 연극을 기다리고 있음을 깨닫고 '어떤 일이 있어도 이 일을 계속하리라' 마음먹었다. 그 연극은 하나님께 올려드리는 것이고, 교우들에게 드리는 우리의 성탄절 선물이기도 하기 때문이다.

선물이란 이처럼 주는 사람과 받는 사람 모두를 흥분하게 하고 기대하게 하는데, 민수기 8장 본문에도 이와 같은 선물에 대한 메시지가 실렸다. 우리 모두 선물을 드리거나 받는다는 설렘으로 살펴보자.

레위기와 레위인의 중요성

하나님은 모세를 통해 시내 광야에 성막을 세우시고, 제사 드릴 아론 제사장과 아들들을 구별하셨으며, 이들을 도와 성막에서 봉사할 레위 지파를 따로 구별하여 세우셨다. 또한 민수기 3장 5-13절에 나온 대로, 그들의 봉사 직무에 대해서도 상세히 알려주셨다.

우리는 이런 말씀들을 대할 때, 이 말씀이 과연 오늘을 사는 우리와 무슨 연관이 있는지 이해하기 어려워한다. 그러다 보니 말씀이 지루하게 느껴져 자기도 모르게 성경 곳곳을 건너뛰어 읽게 된다.

가장 많이 건너뛰는 성경이 레위기일 것이다. 성경을 창세기부터 읽어가던 사람들은 구약 제사법이 소개된 레위기를 읽다가 성경 읽기를 그만두려는 유혹을 가장 강하게 받는다. 레위기 1장부터 7장까지 구약 제사에 관한 말씀이다 보니 인내심을 갖고 읽어보려 해도 말씀의 의미를 이해하기가 쉽지 않다.

그래서 어떤 이는 레위기를 멈추고 민수기로 건너뛰는데, 민수기 역시 이해하기 만만치 않아서 결국 구약성경 읽는 것을 포기하고 곧바로 마태복음으로 넘어가기도 한다.

그런데 유대인들이 어린 자녀들에게 가장 먼저 읽히고 외우게 하는 성경은 창세기가 아니라 우리가 그렇게 자주 건너뛰는 레위기라는 사실을 아는가? 우리가 그렇게 힘들어하고 지루해하는 그 말씀을 유대인들은 열심을 다해 자녀들에게 가르친다. 왜 그들은 자녀들에게 레위기를 가장 먼저 읽히고 암송까지 시킬까? 한마디로, 레위기야말로 이스라엘 백성들에게는 복음서 중의 복음서이기 때문이다.

우리에게는 성경을 읽어가는 데 커다란 장애물처럼 느껴지는 레위기가 어떻게 그들에게는 가슴을 설레게 하는 최고의 복음이었을까? 레위기에는 죄인인 인간이 거룩하신 하나님 앞에 나아갈 수 있는 길이 자세히 기록되어 있다. 그래서 레위기에 기록된대로 제사를 드리면 거룩하신 하나님께 예배를 드릴 수 있기 때문이었다.

그런데 보라. 레위기에 소개된 제사는 죄를 지은 당사자가 직접 하나님 앞에 드릴 수 있는 성질의 것이 아니었다. 거룩하신 하나님 앞에 설 수 있도록 구별한 제사장들이 중보자가 되어야만 죄 사함의 제사를 드릴 수 있었다.

또한 이 제사장들을 도와 제사 직무의 수종을 들도록 구별된 레위인까지 반드시 있어야 제사를 드릴 수 있었다. 만약 제사장과 레위인이 없다면 레위기에 소개된 복음은 이스라엘 백성에게 그림의 떡에 불과했을 것이다. 그래서 이스라엘 백성에게 제사장이나 레위인은 특별한 위치의 사람들로 다가올 수밖에 없었다.

내가 바로 대제사장에게 드려진 레위인이다

이와 같은 이해 위에서 본문을 다시 살펴보자.

성막은 세워졌다. 7장에서 이미 본 것처럼 성막 봉헌 예식이 치러지는 과정에서 12지파의 족장들은 준비한 봉헌예물을 정성껏 드렸다. 이들이 12일 동안 드린 봉헌예물은 모두 제사와 관련된 것으로서, 하나님 앞에 자신을 드리는 의미를 담고 있다.

그리고 본문에서는 레위인들이 봉헌예물을 드리는 내용을 소개한다. 앞서 3장에서 하나님께서 왜 레위인들을 특별히 구별하여 "레위인은 내 것"이라 말씀하셨는지 살펴보았다. 본문인 민수기 8장 16-18절에서는 그 말씀을 다시 거론한다. 바로 유월절 장자 재앙이 있을 때 어린 양의 죽음 덕분에 죽음을 면했던 이스라엘의 장자를 대신하여 레위인을 하나님께서 취하셨다는 말씀이다.

여기서 주의 깊게 볼 부분은 이 레위인을 취하여 하나님께서 누구에게 주셨느냐는 것이다.

> 내가 이스라엘 자손 중에서 레위인을 취하여 그들을 아론과 그의 아들들에게 주어 그들로 회막에서 이스라엘 자손을 대신하여 봉사하게 하며 또 이스라엘 자손을 위하여 속죄하게 하였나니 이는 이스라엘 자손이 성소에 가까이할 때에 그들 중에 재앙이 없게 하려 하였음이니라 민 8:19

하나님은 '하나님의 것'인 레위인을 취해 제사장들에게 선물로 주셨고, 그들이 성막에서 봉사함으로써 이스라엘 백성들을 위한 속죄의 섬김을 하게 하셨다.

그래서 이스라엘 백성들에게 레위인은 더욱 소중하고 중요한 사람들이 되었다. 이들의 영적 정결함이야말로 이스라엘이 하나님 앞에 드리는 예배에 결정적인 영향을 주기 때문이었다.

실제로 구약성경은 많은 곳에서 이스라엘의 영성이 현저히 추락할 때마다 이 레위인들의 존재가치가 유명무실해졌음을 보여준다. 반대로 이스라엘의 영성이 회복될 때는 레위인들의 가치 또한 높아져 있었다.

히스기야 왕 시절, 성전 청결과 함께 영적 부흥이 일어날 때의 한 구절이다. 이렇게 성경에서 중요하게 소개되는 레위인은 오늘날 우리 그리스도인들에게 어떤 의미로 다가오는가?

이를 이해하기 위해 우선 하나님의 구원 역사를 잘 표현한 히브리서 5-9장을 읽어보자. 그러면 우선, 구약성경의 대제사장이 참된 대제사장이신 예수 그리스도의 예표임을 선명히 알 수 있다.

이렇게 예수 그리스도가 구약의 제사장들의 완성이시라면, 제사장들에게 선물로 주어진 레위인은 누구를 예표하겠는가? 바로 그리스도인을 뜻한다. 죄인이면서도 하나님 앞에 설 수 있도록 허용된 그리스도인, 의롭다 함을 얻은 그리스도인인 내가 바로 구약의 레위인을 뜻한다.

그러므로 우리가 믿음으로 의롭다 하심을 받았으니 우리 주 예수 그리스
도로 말미암아 하나님과 화평을 누리자 또한 그로 말미암아 우리가 믿음
으로 서 있는 이 은혜에 들어감을 얻었으며 하나님의 영광을 바라고 즐거
워 하느니라 **롬 5:1,2**

레위인은 하나님의 거룩한 성막에 서서 제사장을 수종들 수 있도록
하나님께서 구별하신 사람이다. 마찬가지로 우리 그리스도인은 대제
사장 되신 예수님의 피로 인해 죄 없다 여김 받으며 하나님의 영광 앞
에 설 수 있도록 구별된 사람이다.

레위인이 제사장들에게 주어진 하나님의 선물인 것처럼, 그리스도인
은 예수님에게 드려진 하나님의 선물이다. 레위인이 제사장들에게 주어
진 선물이므로 제사장들의 것이 되었듯이, 우리 그리스도인은 예수님
에게 드려진 선물이기에 예수님의 것이 되었다.

너희도 그들 중에서 예수 그리스도의 것으로 부르심을 받은 자니라 **롬 1:6**

레위인에 대한 요청

거룩함

레위인이 제사장들에게 주어진 하나님의 선물이 되기 위해 한 가지
요구되는 사항이 있었다. 선물은 격에 맞게 해야 한다. 누군가 내게 세

발자전거를 선물한다면 그것은 상식에 어긋나서 선물이 될 수 없다. 마찬가지로 레위인이 거룩하신 하나님 앞에 서서 제사의 직무를 감당하는 제사장에게 주어진 선물이 되려면, 그에 맞는 품격을 갖추어야 했다.

> 이스라엘 자손 중에서 레위인을 데려다가 정결하게 하라 민 8:6

레위인을 향한 하나님의 부르심에는 이와 같은 말씀이 계속해서 반복된다.

> … 내가 거룩하니 너희도 거룩할지어다 레 11:45

> 하나님의 뜻은 이것이니 너희의 거룩함이라 곧 음란을 버리고 살전 4:3

이러한 말씀은 하나님께서 그리스도인들을 부르실 때 첫 번째로 요청하시는 것이 무엇인지를 잘 보여준다. 정결함, 곧 거룩함이다. 그리스도인은 이 땅 위에서 하나님의 거룩하심의 증인들로 부르심을 받은 사람들이다. 그리스도인의 사명 중 첫째는 하나님의 거룩하심, 주의 거룩하심을 이 땅에 심는 일이라 할 수 있다.

나는 평생 캠퍼스 사역을 하면서 '주의 거룩하심을 이 땅에!'라는 문구로 스티커를 만들어 캠퍼스 곳곳에 도배하고 싶었다. 이 문구를 모든 그리스도인이 평생 흔들 깃발로 들려주고 싶었다. '하나님의 거룩'

이야말로 참된 사랑과 평안과 행복을 회복하게 하는 능력이기 때문이다. 하나님의 거룩을 좇는 공의의 심판은 처음엔 죄를 정죄하지만, 공의의 율법 앞에서 그리스도의 십자가를 의지해 온전한 회개를 이루면 참된 생명으로 나아가게 된다.

자기부인

너희는 이같이 하여 그들을 정결하게 하되 곧 속죄의 물을 그들에게 뿌리고 그들에게 그들의 전신을 삭도로 밀게 하고 그 의복을 빨게 하여 몸을 정결하게 하고 민 8:7

레위인을 향한 하나님의 첫 번째 요청은 '거룩함'이었다. 그리고 두 번째로는 '정결하게 하는 의식'을 요구하셨다. 사실 이런 의식은 상징적 행위일 뿐, 이런 의식 자체가 직접적으로 심령의 정결함을 가져오지는 않는다. 이와 같은 상징적 의식 중에 유독 주의를 끄는 부분이 있다.

그들에게 그들의 전신을 삭도로 밀게 하고

몸에 털이 있는 것이 하나님 앞에 왜 부정한지는 알 수 없다. 그러나 이와 같이 전신의 털을 삭도로 미는 행동은 하나님 말씀에 대한 절대 복종의 태도를 나타낸다. 따라서 이 말씀은 예수께서 제자들에게 주신 말씀을 견주어 떠올리게 한다.

또 우리에게 이르시되 아무든지 나를 따라오려거든 자기를 부인하고 날마다 제 십자가를 지고 나를 따를 것이니라 눅 9:23

이 두 말씀을 볼 때, 하나님께서 본문 7절을 통해 레위인들에게 정결함의 의식을 행하도록 하신 것은 누가복음 9장 23절에서 보여주는 '자기부인'과 같은 의미임을 알 수 있다.

우리의 본래 자아는 언제나 죄로 인해 더럽고 추하므로 자기부인이야말로 하나님께서 기뻐하시는 정결함의 의식인 것이다. 자기부인이 없이는 하나님께서 기뻐하시는 거룩함에 이르기란 불가능하다고 하겠다.

또한 하나님은 레위인들에게 제물을 가져오게 하셨다.

또 그들에게 수송아지 한 마리를 번제물로, 기름 섞은 고운 가루를 그 소제물로 가져오게 하고 그 외에 너는 또 수송아지 한 마리를 속죄제물로 가져오고 민 8:8

제물이란 제물을 취한 자의 생명을 대신하는 것이다. 따라서 하나님께서 레위인들에게 제물을 가져오게 하셨다는 것은 그들에게 '죽음'을 요청하신다는 뜻이다.

이를 통해, 하나님께서 요구하시는 정결에는 반드시 죽음이 전제된다는 것을 알 수 있다. 죄인인 우리가 하나님 앞에 죽어 거듭나지 않으면 하나님의 거룩에 이를 수 없기 때문이다. 이는 누가복음 9장 23

절 "날마다 제 십자가를 지고 나를 따를 것이니라"라는 말씀과도 연관된다.

사실 우리는 이 말씀을 너무도 많이 들어서 거의 외우는 수준에 도달해 있다. 그러나 당신에게 묻고 싶다.

"정말 이 말씀 그대로 사는가? 아니면 이 말씀의 50퍼센트만 따르며 사는가?"

우리는 가끔 주변 사람에게 "내가 아직 덜 죽어서 그렇습니다"라고 말하며 자신의 행동을 변명한다. 그러나 기억해야 한다. 완전히 죽지 않으면 절대로 제물이 될 수 없다. 배가 갈라지고 껍질이 벗겨지고 각이 떠지지 않으면 결코 제물이 아니다. 내장과 콩팥을 죄다 긁어내야만 제물이 될 수 있다. 십자가를 진다는 건 바로 그와 같은 것이다. 하나님께서 레위인을 제사장들에게 선물로 주는 예식이 기록된 본문 9-13절 말씀은 이를 확증해 준다.

> 레위인을 아론과 그의 아들들 앞에 세워 여호와께 요제로 드릴지니라
>
> 민 8:13

요제는 하나님 앞에서 흔들어 드리는 제사를 말한다. 이스라엘 백성들이 하나님 앞에 희생제물을 드릴 때 드려진 제물 중 가슴살은 제사장의 몫이었는데, 제사장들에게 그것을 주기 전에 먼저 하나님 앞에 흔들어 드리는 제사를 '요제'라 했다. 그러므로 레위인을 요제로 드렸다는 것은 "레위인이 완전히 죽어서 거제물로 제사장들에게 주어졌다"

라는 의미를 담고 있다. 레위인은 거제물의 가슴 고기처럼, 하나님께서 제사장들에게 주신 선물이 된 것이다.

이처럼 그리스도인이 된 나와 당신은 하나님께서 예수님에게 주신 선물이 되었다는 사실을 아는가? 우리는 이제 '그리스도의 것'이 된 사람들이다.

이 사실이 가슴 벅차도록 큰 감동으로 다가오는가? 그렇다면 우리는 기꺼이 정결의식을 치러내야 한다. 날마다 죽을 수 있어야 한다. 거제물의 가슴 고기가 되어 그리스도께 나아가야 한다. 우리는 하나님께서 예수님에게 주실 만큼의 품격을 지닌, 그렇게 인정받은 귀한 선물이기 때문이다.

10

우리는 인도하심을 받는
사람들

민수기 9장 15-23절

15 성막을 세운 날에 구름이 성막 곧 증거의 성막을 덮었고 저녁이 되면 성막 위에 불 모양 같은 것이 나타나서 아침까지 이르렀으되 16 항상 그러하여 낮에는 구름이 그것을 덮었고 밤이면 불 모양이 있었는데 17 구름이 성막에서 떠오르는 때에는 이스라엘 자손이 곧 행진하였고 구름이 머무는 곳에 이스라엘 자손이 진을 쳤으니 18 이스라엘 자손이 여호와의 명령을 따라 행진하였고 여호와의 명령을 따라 진을 쳤으며 구름이 성막 위에 머무는 동안에는 그들이 진영에 머물렀고 19 구름이 성막 위에 머무는 날이 오랠 때에는 이스라엘 자손이 여호와의 명령을 지켜 행진하지 아니하였으며 20 혹시 구름이 성막 위에 머무는 날이 적을 때에도 그들이 다만 여호와의 명령을 따라 진영에 머물고 여호와의 명령을 따라 행진하였으며 21 혹시 구름이 저녁부터 아침까지 있다가 아침에 그 구름이 떠오를 때에는 그들이 행진하였고 구름이 밤낮 있다가 떠오르면 곧 행진하였으며 22 이틀이든지 한 달이든지 일 년이든지 구름이 성막 위에 머물러 있을 동안에는 이스라엘 자손이 진영에 머물고 행진하지 아니하다가 떠오르면 행진하였으니 23 곧 그들이 여호와의 명령을 따라 진을 치며 여호와의 명령을 따라 행진하고 또 모세를 통하여 이르신 여호와의 명령을 따라 여호와의 직임을 지켰더라

2003년, 조난 당한 남극 세종과학기지 대원들이 극적으로 구조된 사건이 있었다. 구출 작전을 시작한 지 48시간 만에 1명의 대원이 죽고 7명의 대원이 생환했다는 그 뉴스는 영화에서나 나올 법한 극적인 내용이라 20년이 지난 지금까지도 기억에 남는다.

그 이야기는 세종 1호 보트의 대원 5명이 실종된 세종 2호 보트의 대원 3명을 찾아 나서는 것으로 시작된다. 생환의 과정이 얼마나 치열했던지, 그들은 차가운 바다를 20-30분 동안이나 헤엄쳐 육지에 도달했고, 그후에도 심한 폭풍설이 몰아쳐 1미터를 움직이는 데 1분이 걸릴 정도였다. 그런 최악의 상황에서도 방향 감각을 잃지 않고 칠레 과계대 피소까지 두 시간 정도를 걸어왔다는 것은 놀라운 일이다.

그들이 그와 같은 극한 상황에서도 무사히 생환할 수 있었던 결정적 이유는 무엇이었을까? 뉴스를 보다 보니 그들이 그토록 힘든 싸움을 헤쳐나갈 때 남극 대륙의 경험 많은 부대장의 인솔이 있었다는 점에 눈길이 갔다. 그 사건은 한 치 앞도 분간하기 어렵고 어디로 가야 할지 알기 어려운 때일수록 유능한 가이드의 경험과 능력이 정말 중요하다는 것을 알려주었다.

본문을 읽을 때 그 뉴스가 떠오른 것은 본문 말씀 역시 생존할 수 없는 중에 생존했던 광야 이스라엘 백성들의 치열한 여정을 담고 있기 때문이다. 2백만 명이나 되는 거대한 무리가 광야에서 생존했다는 자체가 그 어떤 것과도 비교되지 않는 기적 중의 기적이라 하겠다. 그 많은 무리가 날마다 때마다 어디서 먹을 식량과 마실 물을 얻었겠는가?

이스라엘 백성이 4백년 간 종살이 하던 애굽을 나와 40년이나 보냈던 광야에서의 생존 기록을 출애굽기, 민수기, 신명기에서 읽을 수 있다. 그리고 그 생존 기록 속에서 언제나 여호와 하나님께서 그들과 함께하셨음을 본다. 하나님께서 그들의 유일한 가이드가 되셔서 그들의 여정을 이끌어주셨음을 성경은 오늘 우리에게 강력히 증언한다.

하나님의 인도를 받아야 복된 인생

하나님은 이스라엘 민족을 애굽에서 해방시키시려고 모세라는 사람을 준비하셨다. 이를 위해 모세의 나이 40세에 애굽 왕자라는 신분을 버리고 광야로 도피하게 하셨고, 장인 이드로의 양무리를 치며 40년 동안이나 광야에서 훈련받게 하셨다.

장인을 만난 곳이 미디안이었는데 80세 때 하나님의 부르심을 받은 곳이 시내산이었던 것으로 보아, 모세는 40년 동안 양무리를 치며 시내광야를 비롯한 시나이반도 여러 곳을 두루 다녔던 것 같다.

그러나 아무리 40년 동안 광야 생활을 경험한 모세라 해도 2백만 명이나 되는 거대한 무리를 이끌고 광야에서 생존하는 것은 불가능했다. 단적인 예로, 홍해를 건넌 지 사흘째 되던 날 마실 물이 없어 큰 곤경에 놓이게 된 이스라엘을 보라.

마라의 쓴 물은 목이 타는 이스라엘을 더욱 흥분시켰고, 경험 많은 모세조차 그 상황을 타개할 해결책을 찾을 수 없었다. 이것이 바로 인간의 한계이다. 인간이 그렇게 아무것도 할 수 없을 때, 이스라엘은 하나님의 개입하심으로 단물을 실컷 마실 수 있었다.

시내산까지 오는 3개월 동안만 해도 이런 일은 부지기수로 일어났다. 그때마다 모세가 보여줬던 한결같은 모습은 '그 자신이 아무것도 할 수 없다는 것'뿐이었다. 경험이 많고 지리에 밝다는 것도 2백만 명이 생존해야 하는 인간의 한계 상황 앞에서는 아무 소용이 없었다.

오직 하나님의 개입과 그분의 해결책만이 그들에게 닥친 문제를 해결할 수 있는 유일한 길이었다. 세종기지의 대원들이 유능한 가이드의 인솔을 전적으로 의지해 살아남았듯이, 이스라엘은 하나님의 돌보심을 전적으로 의지해 광야에서 살아남을 수 있었다.

그리스도인의 삶의 여정도 이와 같다. 우리 삶은 마치 광야와 같아서, 모든 것을 아시는 전능하신 하나님의 인도하심을 따라갈 때라야 복된 인생을 보장받을 수 있다.

9장 말씀은 광야 이스라엘 백성들을 하나님께서 어떻게 인도하셨고, 그런 하나님의 인도하심에 이스라엘이 어떤 반응을 보이며 살았는지를 보여준다.

> 성막을 세운 날에 구름이 성막 곧 증거의 성막을 덮었고 저녁이 되면 성막 위에 불 모양 같은 것이 나타나서 아침까지 이르렀으되 민 9:15

민수기 14장에는 불순종하는 이스라엘을 징벌하시겠다는 하나님 앞에 모세가 안타까움으로 중재하는 기도가 나오는데, 이 기도 중에 분명하게 나타나는 사실은 하나님의 불기둥과 구름기둥이 이스라엘을 인도하셨다는 것이다.

이 땅 거주민에게 전하리이다 주 여호와께서 이 백성 중에 계심을 그들도 들었으니 곧 주 여호와께서 대면하여 보이시며 주의 구름이 그들 위에 섰으며 주께서 낮에는 구름기둥 가운데에서, 밤에는 불기둥 가운데에서 그들 앞에 행하시는 것이니이다 민 14:14

그러므로 2백만의 이스라엘은 그와 같은 하나님의 인도하심을 따르기만 하면 되었고, 어디로 가야 할지 고민하거나 방황하지 않아도 되었다. 그런 점에서, 하나님께서 우리의 인생도 그렇게 이끄신다면 그야말로 인생 최고의 축복이라 할 수 있다. 이끄시는 대로 따라가는 삶이야말로 구약의 광야교회뿐 아니라 오늘날의 우리에게도 가장 복된 인생이라 할 만하다.

내 삶에 예배의 성막부터 구축하라

그럼에도 현대를 사는 우리는 종종 앞이 보이지 않고 길이 없는 것 같아서 불안할 때가 많다. 구름기둥과 불기둥도 보이지 않는 것 같아서 한 발자국도 행군하지 못하기도 한다. 왜 하나님의 인도하심이 머물지 않는 듯한 순간이 찾아오곤 할까? 분명히 하나님을 믿는데도 왜 이런 막막함이 느껴지는 것일까? 15절에서 그 이유를 알 수 있다.

성막을 세운 날에 구름이 성막 곧 증거의 성막을 덮었고 저녁이 되면 성막 위에 불 모양 같은 것이 나타나서 아침까지 이르렀으되 민 9:15

드디어 구름이 성막을 덮었고 저녁이 되면 불기둥이 나타났다. 그 기둥이 언제 나타났는가? 물이 없어 목마르다고 아우성칠 때인가? 배가 고프니 고기가 먹고 싶다며 하나님을 원망할 때인가? 아니면 빨리 길을 안내해 달라고 부르짖을 때인가?

아니다. 성막을 세운 바로 그날이었다. 그날 구름이 성막 위를 덮었고 저녁에 불기둥이 나타났다. 성막은 거룩하신 하나님과 죄인인 이스라엘이 유일하게 만날 수 있도록 구별하신 곳, 즉 지성소가 있는 곳이다. 그런 그곳에는 거룩하신 하나님의 임재는 물론, 그 영광의 임재를 가리는 구름이 있었다.

여기서, 하나님의 인도하심을 구할 때의 영적 원리를 발견할 수 있다. 하나님의 인도하심은 매우 놀라운 은혜라서 우리가 날마다 부르짖어 간구하며 찾아야 할 것은 분명하다. 그러나 그 인도하심을 구하기 전에 먼저 준비할 것이 있으니 바로 하나님의 임재가 있는 '성막'이다.

오늘날 이 성막은 하나님의 임재가 머무는 예배를 뜻한다. '예수님의 십자가'를 의지해 거룩하신 하나님과 만나기 위해 지성소로 들어가는 예배! 그런 예배야말로 인도하심을 구하기 전에 우리 삶에 먼저 구축

해야 할 부분이다.

예수님이 사마리아 수가성에 사는 여인에게 말씀하셨다.

> 아버지께 참되게 예배하는 자들은 영과 진리로 예배할 때가 오나니 곧 이
> 때라 아버지께서는 자기에게 이렇게 예배하는 자들을 찾으시느니라
> 요 4:23

영과 진리로 드리는 예배로 나아감! 왜 하나님은 우리에게 먼저 이 것을 명하셨을까? 예배란 하나님께 우리의 모든 것을 드림을 의미하기 때문이다.

하나님은 우리가 인도하심의 은혜를 구하기 전에 그렇게 영과 진리 로 자신을 그분께 드리기를 원하신다. 자신을 드려 하나님께 온전히 주목할 때 그분의 인도하심을 볼 수 있기 때문이다. 하나님의 구름기 둥이 다른 날이 아니라 "성막을 세운 날에" 임한 이유가 그 때문이다.

전적인 순종을 하라

본문 17-23절에서 이스라엘 백성이 하나님의 구름기둥과 불기둥에 의해 움직이는 것을 볼 수 있는데, 이들의 움직임이 있을 때마다 일곱 번이나 반복해서 언급되는 말씀이 있다. "여호와의 명령을 따라", "여 호와의 명령을 지켜"라는 말씀이다.

이스라엘 백성은 구름기둥과 불기둥의 움직임을 곧 하나님의 명령으

로 보고 그대로 움직였다. 하나님의 인도하심은 단회적이 아니라 연속적이었다. 이스라엘이 약속의 땅에 이를 때까지 하나님은 계속해서 그들을 인도하셨다. 그 인도하심은 은혜이기도 하지만 동시에 그들에게 내려진 하나님의 엄중한 명령이기도 했다.

따라서 하나님의 인도하심을 구할 때는 하나님의 명령에 전적으로 순종하여 따르겠다는 분명한 믿음의 태도가 전제되어야 한다. 하나님께서 인도하시는 대로 전적으로 따를 태세도 갖추지 않은 채 "하나님, 인도해주소서"라고 기도하는 것은 어불성설이다.

실제로 우리는 하나님의 인도하심을 구하고도 자기 입맛에 따라 하나님의 명령을 취사선택할 때가 많다. "하나님, 그건 아니라고 생각합니다. 그건 제 뜻이 아니에요"라면서.

하나님께서 구름기둥과 불기둥을 보여주실 때 이와 같은 자세를 보이는 것은, 하나님의 인도하심을 권고사항이나 참고사항 정도로만 여기고 있다는 반증이다. 본문에 나타난 하나님의 백성은 결코 그런 태도로 하나님의 인도하심을 받지 않았다.

혹시 구름이 저녁부터 아침까지 있다가 아침에 그 구름이 떠오를 때에는 그들이 행진하였고 구름이 밤낮 있다가 떠오르면 곧 행진하였으며 이틀이든지 한 달이든지 일 년이든지 구름이 성막 위에 머물러 있을 동안에는 이스라엘 자손이 진영에 머물고 행진하지 아니하다가 떠오르면 행진하였으니 민 9:21,22

하나님의 구름은 때로 하루 정도 머물다가 움직였고, 때로는 이틀, 한 달, 심지어 일 년도 머물다가 움직였다. '구름기둥이 움직이는 대로 행군하면 되는데 그게 뭐 그리 어렵겠나?' 싶겠지만, 정작 삶에서 가장 많은 실패와 좌절을 경험하는 지점이 바로 이 부분이다. 우리는 구름기둥의 불규칙한 움직임의 주기를 따라 행군하기 어려워한다.

그러니까 우리가 하나님의 인도하심대로 따라가지 못하는 이유로, 구름기둥과 불기둥이 안 보여서 그렇다고 말할 수가 없다는 것이다. 우리를 향한 하나님의 약속은 성경을 통해 날마다 확인할 수 있지 않은가. 그렇다면 무엇이 문제인가? 이 약속의 말씀을 눈으로 확인하면서도 왜 구름기둥, 불기둥만을 따라서 움직이지 못하는가?

만약 하나님의 구름이 항상 일정한 속도나 패턴으로 진행된다면 인도하심대로 순종하는 일이 어렵지 않을 수 있다. 그런데 하나님의 구름은 때로 하루 동안 머물기도 하고, 때로는 한 달, 때로는 일 년 동안이나 머물기도 한다. 하루를 기다리는 건 그럭저럭하겠는데 한 달을 꼼짝없이 기다리는 건 어렵다. 더구나 그 황량한 광야에서 1년을 기다리게 하신다면 '이 광야에서 우리를 죽게 하시려나 보다'라는 생각에 두려움이나 염려에 휩싸이기 쉽다.

그런데도 하나님은 이스라엘 백성을 하루나 한 달이나 1년을 머물게 하시다가 그들을 이끌어 광야 길로 가게 하셨다. 왜 그러셨을까? 이스라엘에 대체 무엇을 원하신 것일까?

그렇다. 전적인 순종, 100퍼센트의 순종을 원하셨다. 하나님은 그분의 인도하심의 은혜를 지속적으로 누리려면 반드시 '전적인 순종'이 있어야 함을 말씀하신다.

… 순종이 제사보다 낫고 듣는 것이 숫양의 기름보다 나으니 삼상 15:22

만약 광야 40년 동안 이스라엘이 하나님께 순종하지 않았다면 어떻게 되었을까? 두 가지 경우를 생각해볼 수 있다.

우선, 하나님의 구름기둥이 이동하는데 이스라엘이 "여기가 좋사오니"라며 이동할 생각을 잊은 채 머물러 있는 경우이다. 한참 후에야 정신을 차리고 저만치 앞서간 구름기둥을 쫓아갔다면 아마 이스라엘은 가랑이가 찢어졌을 것이다.

또 한 경우는 그 반대로 구름이 1년씩이나 머무는 것이 지겨워 이스라엘이 앞서가는 것이다. 그랬다면 그들은 길을 잃었을 게 뻔하다. 죽도록 고생한 후에야 겨우 오던 길을 되짚어 돌아왔다 해도 그제야 하나님의 구름을 따라 이동하려니 고달프기 짝이 없었을 것이다.

누구도 자기의 인생길을 예측할 수 없다. 아버지 되시는 전지하신 하나님만이 우리가 가는 길과 가야 할 길을 정확히 아신다. 광야 길을 조성하신 하나님만이 언제 가야 할지, 어디로 가야 할지 분명하게 아신다. 그분만이 이 땅 최고의 가이드이시기 때문이다.

우리는 그분의 양이다. 양은 방향 감각이 아주 취약해서 목자를 따라가야 사는 짐승이다. 하나님은 양인 우리에게 목자 되신 주님을 보내주셔서 그분을 따라가면 푸른 초장, 쉴 만한 물가에 이르게 하셨다. 그러므로 인생을 가장 복되게 하는 길은 목자에게 순종함으로 그분을 따라가는 것이다.

목자를 앞서지 말고 성령을 앞서지 말아야 한다. 기도보다 행동이 앞서지 말아야 한다. 또한 목자가 가는데 홀로 주저앉아 있어도 안 된다. 목자가 길을 연다면 양은 그 길이 어떤 길이든 좇아야 한다. 하나님의 인도하심을 따르는 것은 권고나 참고사항이 아니라 하나님의 명령이기 때문이다.

자신의 직임에 충성하라

곧 그들이 여호와의 명령을 따라 진을 치며 여호와의 명령을 따라 행진하고 또 모세를 통하여 이르신 여호와의 명령을 따라 여호와의 직임을 지켰더라 민 9:23

이 말씀을 다시 주의 깊게 읽어보자. 하나님의 인도하심을 알려준 본문 끝부분에 특이한 내용이 서술되어 있다.

하나님은 이미 민수기 1장부터 이스라엘 백성들에게 이와 같은 하나님의 인도하심을 준비시키셨다. 군인과 레위 지파를 계수하게 하시고, 12지파의 진영 및 행진할 때의 위치를 지정하셨다. 그리고 레위 지파 자손들에게는 특별히 성막 봉사에 관해 상세히 일러주셨다.

2백만 명이나 되는 거대한 무리가 광야에서 이동하려면 주어진 명령을 철저히 따라야 했다. 각 지파가 제 위치에 있어야 함은 물론, 제사장과 레위 지파는 하나님께서 명하신 직임을 충성스럽게 지켜야 했다.

하나님의 구름이 떠올라 이동을 명했는데 제사장이 움직이지 않는다면 누가 성소와 지성소에 들어가서 하나님의 거룩한 성물들을 덮겠는가? 또한 레위 지파가 맡은 직임을 소홀히 한다면 누가 하나님의 성물을 어깨에 메며, 성막 각종 기물은 누가 옮기겠는가?

이처럼, 하나님의 인도하심을 따라가려면 하나님께서 맡기신 직임에 충성해야 한다. 학생이 자신의 직임에 충성하지 않고 직장인이 자신의 일을 불충하게 감당하면서 하나님의 인도하심을 구한다면 온전한 태도라 할 수 없다.

우리는 모두 하나님의 인도하심 없이는 살 수 없는 사람들이다. 그러므로 언제나 하나님의 인도하심의 은혜를 감사히 여기며 하나님의 인도하심을 끊임없이 구해야 한다. 그런 우리에게 가장 필요한 것을 본문은 밝히 보여 알려준다.

우리가 가정과 직장과 학교와 교회와 이 사회에서 맡은 일들이 무엇인가? 하나님께서 우리에게 부여하신 거룩한 직임이 무엇인가? 우리가 무슨 직임을 맡았든, 성경은 "맡은 자들에게 구할 것은 충성"(고전 4:2)이라고 말씀한다.

하나님의 인도하심을 간절히 바라는가? 그렇다면 하나님의 임재하심이 있는 예배를 회복하라. 그분에 대한 전적인 순종을 결단하라. 그리고 당신의 직임에 충성하라. 그것이 하나님의 인도하심을 구하는 우리에게 주시는 그분의 응답이다.

11 우리는 나팔수로 부름 받은 사람들

민수기 10장 1-10절

1 여호와께서 모세에게 말씀하여 이르시되 2 은 나팔 둘을 만들되 두들겨 만들어서 그것으로 회중을 소집하며 진영을 출발하게 할 것이라 3 나팔 두 개를 불 때에는 온 회중이 회막 문 앞에 모여서 네게로 나아올 것이요 4 하나만 불 때에는 이스라엘의 천부장 된 지휘관들이 모여서 네게로 나아올 것이며 5 너희가 그것을 크게 불 때에는 동쪽 진영들이 행진할 것이며 6 두 번째로 크게 불 때에는 남쪽 진영들이 행진할 것이라 떠나려 할 때에는 나팔 소리를 크게 불 것이며 7 또 회중을 모을 때에도 나팔을 불 것이나 소리를 크게 내지 말며 8 그 나팔은 아론의 자손인 제사장들이 불지니 이는 너희 대대에 영원한 율례니라 9 또 너희 땅에서 너희가 자기를 압박하는 대적을 치러 나갈 때에는 나팔을 크게 불지니 그리하면 너희 하나님 여호와가 너희를 기억하고 너희를 너희의 대적에게서 구원하시리라 10 또 너희의 희락의 날과 너희가 정한 절기와 초하루에는 번제물을 드리고 화목제물을 드리며 나팔을 불라 그로 말미암아 너희의 하나님이 너희를 기억하시리라 나는 너희의 하나님 여호와니라

대학 시절, 강원도 황지의 예수원에 갔을 때 몇 가지 특이한 모습을 봤다. 그중 하나는 식사 시간에 숟가락으로 밥그릇을 치면 모두가 함께 식사 기도를 하고, 가장 먼저 식사를 끝낸 사람이 숟가락으로 빈 밥그릇을 치면 또다시 모두가 기도하는 모습이었다. 거기에 참여한 우리는 식사 후 맨 먼저 빈 밥그릇을 숟가락으로 치기 위해 서둘러 밥을 먹곤 했다.

그곳에서 머물려면 '노동은 곧 기도다'라는 팻말의 글대로 누구든 반드시 밭에 나가서 일정한 노동을 해야 했는데, 노동을 하다가도 누군가 예수원 마당의 종을 치면 누구나 일하던 것을 멈추고 기도했다. 그 모습이 또 하나의 특이한 풍경이었다.

예수원이라는 영적 쉼터에는 각양각색의 사람들이 모여들었지만 이와 같은 무언의 신호에 의해 보이지 않는 질서가 세워지고 있음을 알 수 있었다.

몇 년 전에는 이런 신호가 사람뿐 아니라 가축에게도 하나의 질서 체계로 작용한다는 것을 확인하게 되었다.

지리산으로 교역자 수련회를 갔다가 내려오는 길, 지리산 자락에서 염소를 방목하는 한 사람과 마주쳤다. 마침 밥시간이 되었는지 그 사람은 염소들의 식량을 우리 안으로 잔뜩 집어넣고는 깡통 같은 것을 두드려댔다. 소리가 울려 퍼지자 신기하게도 숲속 여기저기에 흩어져 있던 염소들이 하나둘씩 밥그릇 주변으로 모여들었다. 양을 치는 목자들은 이처럼 자신의 양들과 약속된 소리 체계로 자신의 양을 구별한다는 것을 눈으로 확인하는 순간이었다.

예수님도 '목자와 양'의 특이한 관계를 다음과 같이 말씀하셨다.

> 자기 양을 다 내놓은 후에 앞서 가면 양들이 그의 음성을 아는 고로 따라오되 타인의 음성은 알지 못하는 고로 타인을 따르지 아니하고 도리어 도망하느니라 요 10:4,5

> 나는 선한 목자라 나는 내 양을 알고 양도 나를 아는 것이 아버지께서 나를 아시고 내가 아버지를 아는 것 같으니 나는 양을 위하여 목숨을 버리노라 요 10:14,15

이 말씀처럼, 예수님은 그리스도인의 삶을 인도하시되 분명한 음성으로 앞서 행하시며 인도하신다. 이 같은 맥락에서, 광야에 거하는 양과 같은 이스라엘 백성을 하나님께서 어떻게 인도하셨는지 본문을 통해서도 알아갔으면 좋겠다.

사실 이스라엘을 향한 하나님의 인도하심은 너무도 분명했다. 그 인도하심이 너무 명확해서 누구든 인도하심을 애매모호하다고 하거나 혼미해 할 수 없을 정도였다.

앞장에서 하나님의 인도하심을 구하기 전에 무엇부터 회복되어야 하는지를 살펴보았고, 그 인도하심을 명확히 분별하지 못하는 이유는 인도하심이 불분명해서가 아니라 우리가 '정욕'이나 '이생의 자랑'이나 '육신의 소욕'으로 하나님의 뜻을 구하기 때문일 수 있다는 것을 알게 되었다.

불기둥과 구름기둥의 인도는 너무나 분명했다. 그래서 이스라엘은 이를 하나님의 명령으로 알고 전적으로 순종하며 따랐다. 약속의 땅 가나안에 이르기 위해서는 이러한 행군이 계속되어야 했고, 그래서 하나님의 인도하심을 알리는 싸인(sign)도 분명해야 했다.

나팔 소리를 따라 이동하는 사람들

본문에는 이스라엘의 머묾과 이동에 관한 하나님의 명령을 구체적으로 시행하기 위한 방법이 기록되어 있다. 2백만 명이나 되는 대규모의 집단이 동일한 목적 하에 광야에서 생존하고 움직이는 것은 분명한 싸인 없이는 불가능하므로 하나님은 그들에게 나팔을 불게 하셨다.

> 은나팔 둘을 만들되 두들겨 만들어서 그것으로 회중을 소집하며 진영을 진행케 할 것이라 민 10:2

이 은나팔은 '하쵸츠'라고 하며, 길이는 1규빗(40-55cm) 정도로, 이스라엘을 소집하고, 진영을 행진시키기 위한 목적으로 만들어졌다.

나팔을 하나만 불기도 하고 두 개를 동시에 불기도 했는데, 하나만 불 때는 천부장 된 지휘관들이 모여서 모세에게 나아왔고 두 나팔을 동시에 불면 이스라엘 온 회중이 회막문 앞에 모여 나아왔다.

성경 전후 내용으로 볼 때, 아마도 2백만 명 전부가 모였다기보다는 남자 중 20세 이상으로 싸움에 나갈 만한 자로 계수함을 받은 군인들이 모였을 것이다. 민수기 1장에서 이미 보았듯이 603,550명이 모였을 것으로 짐작된다.

어떤 이들은 어떻게 그 많은 군인이 회막문 앞에 모일 수 있었을지 의구심을 가진다. 그런데 이스라엘이 성막을 중심으로 각 지정된 위치에 진영을 베풀 때 성막에서 동서남북으로 1킬로미터의 거리를 두게 했으므로, 그 수가 충분히 모일 수 있었다고 생각된다.

이스라엘 진영에는 가로, 세로 2킬로미터씩 되는 넓은 광장이 있고 그 중심에 하나님의 성막이 놓여 있었으므로, 회막문 동편에 군인들이 모일 때는 대략 군인 한 명당 1평 정도의 공간이 할당된다는 계산이 나온다.

두 나팔을 동시에 불 때도 두 가지 방법이 있었다.

나팔 두 개를 불 때에는 온 회중이 회막 문 앞에 모여서 네게로 나아올 것이요 민 10:3

또 회중을 모을 때에도 나팔을 불 것이나 소리를 크게 내지 말며 민 10:7

두 개의 나팔을 불 때도 그냥 길게 부는 방법과 울려서 부는 방법이 있었다. 그냥 길게 불면 60만 명 정도 되는 이스라엘 군인들이 회막문 앞에 모이라는 신호였고, 울려 불면 본문 5,6절에서 보여주듯 이스라엘의 이동을 알리는 것이었다. 그 그림을 상상하며 이 구절을 보라.

둘째 해 둘째 달 스무날에 구름이 증거의 성막에서 떠오르매 민 10:11

드디어 구름이 성막에서 떠올랐고, 이와 같은 구름의 변화는 이스라엘 2백만 명 모두가 볼 수 있었다. 그러면 나팔 소리와 함께 이동 명령이 떨어졌는데, 이때 제사장들과 레위 지파 사람들은 성막을 해체하기 시작했고, 그 외 각 지파는 장막을 걷어 이동 준비를 했다. 그러면 다음의 모습이 이어졌다.

하나만 불 때에는 이스라엘의 천부장 된 지휘관들이 모여서 네게로 나아올 것이며 민 10:4

구름이 떠올라 이동 준비를 시작하면 모세는 지휘관들에게서 12지파의 이동 준비에 관한 보고를 받았고, 그들을 통해 준비가 완료되었음을 확인하면 다음과 같이 행진이 시작되었다.

너희가 그것을 크게 불 때에는 동쪽 진영들이 행진할 것이며 민 10:5

14-16절에는 동편 진영들에 속한 유다 지파, 잇사갈 지파, 스불론 지파의 질서정연한 모습이 나타난다. 그런 후에는 성막의 이동이 시작된다.

이에 성막을 걷으매 게르손 자손과 므라리 자손이 성막을 메고 출발하였으며 민 10:17

이들이 성막을 먼저 메고 가서 하나님의 구름이 머무는 곳에 성막을 세우면, 성물을 메고 온 고핫 자손이 도착하게 하셨다.
다시 본문으로 돌아가 나팔 소리와 관련된 말씀을 보자.

두 번째로 크게 불 때에는 남쪽 진영들이 행진할 것이라 떠나려 할 때에는 나팔 소리를 크게 불 것이며 민 10:6

이 말씀대로 18-20절에는 남쪽 진영들이 이동하는 모습이 나온다. 르우벤 자손, 시므온 자손, 갓 자손이 깃발을 세우고 이동하는 것이다. 그러면 다음과 같은 모습이 나타난다.

고핫인은 성물을 메고 행진하였고 그들이 이르기 전에 성막을 세웠으며 민 10:21

본문에서는 서쪽 진영과 북쪽 진영에 대한 언급이 없지만 10장

22-24절은 서쪽 진영의 이동을, 25-27절은 북쪽 진영의 이동을 기록하고 있다. 아마 그들도 이렇게 두 개의 나팔이 울려 퍼지는 제3차, 제4차 신호를 따라 행군해 나갔을 것이다.

> 이스라엘 자손이 행진할 때에 이와 같이 그들의 군대를 따라 나아갔더라
>
> 민 10:28

이 장관을 한번 상상해 보라. 너무도 흥분되지 않는가? 하나님의 구름이 움직이자 그 움직임을 따라 약속의 땅으로 깃발을 세우고 순종하며 행진하는 모습은 너무도 숨 막히는 장관이었을 것이다.

본문 말씀이 보여주듯 하나님의 백성들은 하나님의 뜻을 알리는 구름기둥, 불기둥의 인도하심을 따라, 울려 퍼지는 나팔 소리에 맞춰 약속의 땅으로 이동해 갔다. 그들은 나팔 신호가 울림과 동시에 그 소리에 맞추어 이동하는 사람들이었다.

내가 나팔수여야 하는 이유

그 나팔은 자기 마음대로 부는 게 아니라 반드시 하나님께서 정하신 방식에 따라, 하나님께서 정하신 사람만 불어야 했다.

> 그 나팔은 아론의 자손인 제사장들이 불지니 이는 너희 대대에 영원한 율례니라 민 10:8

제사장들만이 나팔을 불 수 있었고, 이것은 '대대에 영원한 율례'라고까지 말씀하셨다. 영원한 율례! 구약성경에서 이런 말씀을 접할 때마다 우리는 영원한 제사장 되시는 예수님을 기억해야 한다. 예수님만이 하나님의 백성을 하나님나라로 가게 하는 나팔을 들어 불 수 있는 분이심을 잊지 말아야 한다.

예수께서 가라사대 내가 곧 길이요 진리요 생명이니 나로 말미암지 않고는 아버지께로 올 자가 없느니라 요 14:6

예수께서 부시는 나팔 소리는 우리를 향한 목자의 음성과 같다. 십자가에서 외치신 예수님의 절규는 곧 그분의 나팔소리요 우리를 향한 복음이었다.

아버지 저들을 사하여 주옵소서 눅 23:34

다 이루었다 요 19:30

나도 너를 정죄하지 아니하노니 가서 다시는 죄를 범하지 말라 요 8:11

하나님나라는 이와 같은 복음의 길로만 갈 수 있는 곳이다. 그리고 복음이란 하나님의 구원하시는 능력이요(롬 1:16), 우리를 변화시키는 능력이다(고후 5:17).

나팔 소리가 명확한 것처럼 예수님의 음성, 목자의 음성은 명확하다. 예수님을 믿으면 구원을 받고, 예수님의 말씀에 순종하면 진정한 복을 받는다는 그 말씀이 얼마나 명확한가.

성경이 말씀하는 바와 같이, 예수님 안에 영원한 생명이 있다. 그래서 하나님은 예수님의 예표인 구약의 제사장들에게만 이스라엘의 이동을 알리는 나팔을 맡기셨다. 예수님만이 유일한 목자가 되시기 때문이다. 여기서 중요한 메시지를 발견한다.

예수께서 또 이르시대 너희에게 평강이 있을지어다 아버지께서 나를 보내신 것같이 나도 너희를 보내노라 요 20:21

예수님은 우리를 영원히 살리시는 생명의 복음을 십자가에서 실현하셨고, 그것을 이제 그분의 제자인 우리에게 맡기셨다. 사도 바울은 이것을 알았기 때문에 이 복음을 맡아 생명을 걸고 복음의 증인으로 살았다(행 20:24). 따라서 그리스도를 따르는 우리에게도 주님의 은혜로 성루에 세워진 나팔수가 되는 사명이 부여되었다.

그러나 칼이 임함을 파수꾼이 보고도 나팔을 불지 아니하여 백성에게 경고하지 아니하므로 그 중의 한 사람이 그 임하는 칼에 제거 당하면 그는 자기 죄악으로 말미암아 제거되려니와 그 죄는 내가 파수꾼의 손에서 찾으리라 겔 33:6

여기서 나팔을 분다는 것은 무엇을 의미할까?

또 너희 땅에서 너희가 자기를 압박하는 대적을 치러 나갈 때에는 나팔을
크게 불지니 그리하면 너희 하나님 여호와가 너희를 기억하고 너희를 너희
의 대적에게서 구원하시리라 민 10:9

영적 전쟁의 이 시대, 나팔수가 나팔을 부는 것은 복음을 증거하는
일이다. 따라서 우리가 그리스도인으로 이 땅에 세움 받은 것은 나팔
을 불기 위해서라고 말할 수 있다. 복음 증거의 사명, 즉 나팔을 부는
사명이 주님의 제자인 우리에게 주어졌으며, 그렇게 복음을 외쳐 전할
때 하나님은 우리를 대적으로부터 구원하실 것이다.

예수께서 2천 년 전 이 땅에 오심은 이미 이 땅에 하나님의 심판이 시
작되었음을 뜻한다. 심판주가 오셨으되, 사람들은 주의 심판을 보지
못하고 세상에 취하여 성탄절을 인간의 잔치로 만들어버렸다.

우리는 그와 같이 세속에 취한 이 세상에서 나팔수의 사명을 회복해
야 한다. 다시 오실 예수님을 외치고 선포하는 사람이 되어야 한다.

그러므로 당신이 그리스도인이라면 이 나팔을 불어야 한다. 나팔을
불되 힘차게 불어야 한다. 하나님께서 우리를 기억하시도록, 하나님께
서 우리를 대적에게서 구원하시겠다는 약속이 속히 임하도록 나팔을
불어야 한다. 그것이 당신의 사명이기 때문이다. 당신은 왕 같은 제사
장으로 부름 받은 이 땅의 나팔수이다.

CHAPTER

12

우리는 산을 넘어야 하는 사람들

민수기 11장 1-15절

1 여호와께서 들으시기에 백성이 악한 말로 원망하매 여호와께서 들으시고 진노하사 여호와의 불을 그들 중에 붙여서 진영 끝을 사르게 하시매 2 백성이 모세에게 부르짖으므로 모세가 여호와께 기도하니 불이 꺼졌더라 3 그곳 이름을 다베라라 불렀으니 이는 여호와의 불이 그들 중에 붙은 까닭이었더라 4 그들 중에 섞여 사는 다른 인종들이 탐욕을 품으매 이스라엘 자손도 다시 울며 이르되 누가 우리에게 고기를 주어 먹게 하랴 5 우리가 애굽에 있을 때에는 값없이 생선과 오이와 참외와 부추와 파와 마늘들을 먹은 것이 생각나거늘 6 이제는 우리의 기력이 다하여 이 만나 외에는 보이는 것이 아무것도 없도다 하니 7 만나는 깟씨와 같고 모양은 진주와 같은 것이라 8 백성이 두루 다니며 그것을 거두어 맷돌에 갈기도 하며 절구에 찧기도 하고 가마에 삶기도 하여 과자를 만들었으니 그 맛이 기름 섞은 과자 맛 같았더라 9 밤에 이슬이 진영에 내릴 때에 만나도 함께 내렸더라 10 백성의 온 종족들이 각기 자기 장막 문에서 우는 것을 모세가 들으니라 이러므로 여호와의 진노가 심히 크고 모세도 기뻐하지 아니하여 11 모세가 여호와께 여짜오되 어찌하여 주께서 종을 괴롭게 하시나이까 어찌하여 내게 주의 목전에서 은혜를 입게 아니하시고 이 모든 백성을 내게 맡기사 내가 그 짐을 지게 하시나이까 12 이 모든 백성을 내가 배었나이까 내가 그들을 낳았나이까 어찌 주께서 내게 양육하는 아버지가 젖 먹는 아이를 품듯 그들을 품에 품고 주께서 그들의 열조에게 맹세하신 땅으로 가라 하시나이까 13 이 모든 백성에게 줄 고기를 내가 어디서 얻으리이까 그들이 나를 향하여 울며 이르되 우리에게 고기를 주어 먹게 하라 하온즉 14 책임이 심히 중하여 나 혼자는 이 모든 백성을 감당할 수 없나이다 15 주께서 내게 이같이 행하실진대 구하옵나니 내게 은혜를 베푸사 즉시 나를 죽여 내가 고난 당함을 내가 보지 않게 하옵소서

11장 본문은 1장부터 10장까지 숨 가쁘게 달려오면서도 전혀 읽어낼 수 없었던 뜻밖의 전개라 당혹스럽다. 하나님의 인도하심을 그토록 분명하게 받았던 이스라엘이었기에 본문에서 보여주는 그들의 악한 모습에, 우리의 숨겨왔던 죄악들이 노출된 것 같아 부끄러움과 경악스러움을 함께 느끼게 된다.

광야 시절, 하나님은 수시로 모세를 불러 말씀하셨고, 말씀대로 성막을 만들게 하셨다. 그러자 성막 가운데 하나님의 영광이 충만히 임했다. 또한 하나님은 구름기둥과 불기둥으로 그분의 인도하심을 보여 알려주셨다. 시내산에 9개월 정도 머물 동안에도 그분의 주밀하신 손길을 백성들에게 친히 목격하게 하셨다.

드디어, 약속의 땅으로 행진이 시작되었다. 그런데 이때, 꿈같이 놀라운 인도하심을 받던 이스라엘 백성들이 뜻밖의 행동을 보인다.

여호와께서 들으시기에 백성이 악한 말로 원망하매 여호와께서 들으시고 진노하사 여호와의 불을 그들 중에 붙여서 진영 끝을 사르게 하시매

민 11:1

그들은 악한 말로 하나님을 원망했다. 이것은 하나님의 놀라운 인도하심을 가시적으로 보면서도 그들에게 근본적인 변화가 없었다는 방증이다. 이를 통해, 인간이 아무리 놀라운 기적을 보거나 듣거나 경험한다고 해서 그 존재가 변화되는 건 아니라는 것을 알 수 있다. 성막이나 구름기둥을 본 것, 수많은 율법을 듣고 안다는 것으로도 그들은 결코 변화되지 않았다. 변화란 성경이 말씀하는 대로, 오직 성령으로 인해 새로운 피조물로 거듭나야만 가능함을 다시 확인하게 된다.

지독히도 변하지 않는 이스라엘 백성들을 향한 하나님의 안타까움은 그분의 진노를 불러왔다. 1절에서 하나님의 불로 그들의 진영 끝을 불로 살랐던 모습을 보라. 그들을 향한 하나님의 안타까움은 이렇게 경고하심으로 나타날 수밖에 없었다.

그러나 이스라엘의 원망은 거기서 그치지 않았다. 11장에는 이스라엘의 부끄러운 자화상이 백성의 원망, 모세의 간구와 탄식, 하나님의 응답으로 파노라마처럼 이어진다.

광야를 완주하려면

이스라엘이 하나님을 원망한 이유는 거창한 게 아니었다. 바로 먹거리의 문제, 지극히 본능적인 문제였다. 하나님의 놀라운 능력과 은혜를 경험한 백성으로서 하나님의 진노를 살 만한 원망거리가 고작 그거였다는 데 고개를 갸웃거리게 된다. 그러나 이런 모습이 비단 광야 이스라엘 백성에게만 나타나는 것은 아니다. 우리도 다를 바 없다는 데 우리의 고민이 있다.

> 그들 중에 섞여 사는 다른 인종들이 탐욕을 품으매 이스라엘 자손도 다시
> 울며 이르되 누가 우리에게 고기를 주어 먹게 하랴 민 11:4

4절에 그들이 원망했던 근본 원인이 소개된다. 출애굽기 12장 38절을 보면 이스라엘이 애굽에서 나올 때 함께 따라 나온 사람 중에 '수많은 잡족'이 섞여 있었음을 알 수 있다. 그들은 영적으로 미숙아들이었다. 여호와 하나님을 향한 믿음으로 모세를 따라나선 게 아니라 '애굽에서의 해방'이라는 현세적 축복만을 목적으로 나선 사람들이었다.

그들은 결코 약속의 땅 가나안에 이르기 위해 고난과 시련까지도 감당할 각오와 결단이 서 있지 않았다. 아브라함을 따라나섰던 롯의 모습과 유사하다. 그래서 이들은 광야 생활을 한 지 얼마 안 되어 탐욕의 노예로 전락했고, 이스라엘 백성들에게까지 악영향을 끼쳤다.

'탐욕'은 십계명에서도 주된 내용으로 경계할 정도로 하나님께서 금하신 사항이다. 바울도 "탐심은 곧 우상숭배"(골 3:5)라고 단호히 말했다. 탐욕은 전염성이 매우 강하다. 멀쩡히 잘살다가도 누가 와서 무엇을 샀다고 하면 서서히 배가 아파오는 게 우리 아닌가.

사촌이 땅을 사면 옛날엔 배가 아픈 정도였는데, 이제는 나도 땅을 사지 않으면 온몸이 쑤시고 아파서 견디지 못하는 시대가 된 것 같다. 탐욕은 이처럼 꼬리에 꼬리를 물며 서로를 전염시킨다. 이스라엘 백성들도 '섞여 사는 무리'의 탐욕에 점차 전염되어 갔다.

본문에서 이스라엘 백성들이 원망하는 근본 원인은 탐심이었다. 이스라엘의 원망하는 모습을 보라. '고기'를 먹고 싶다고 아우성이다. 광야에서 고기를 먹고 싶다고 원망하는 것은 그들이 광야에 있다는 사실을 부정하는 것과 다르지 않다. 그런 모습은 애굽에서 광야로 이끌어내신 하나님을 불신한다는 뜻이기도 하다. 광야가 어떤 곳인가? 약속의 땅으로 가기 위한 하나님의 복된 인도하심의 길이다.

이스라엘은 탐욕을 채우기 위해 거짓말까지 보태며 생떼를 쓴다.

우리가 애굽에 있을 때에는 값없이 생선과 오이와 참외와 부추와 파와 마늘들을 먹은 것이 생각나거늘 민 11:5

이것이 얼마나 허풍이며 거짓인지 확인해 보자.

여러 해 후에 애굽 왕은 죽었고 이스라엘 자손은 고된 노동으로 말미암아 탄식하며 부르짖으니 그 고된 노동으로 말미암아 부르짖는 소리가 하나님께 상달된지라 출 2:23

이런 거짓말이 섞인 생떼와 원망은 하나님의 은혜를 은혜로 보지 못하게 하는 영적 왜곡, 곧 착시 현상을 일으킨다.

출애굽기 16장은 이스라엘에 만나가 주어지게 된 과정을 상세히 기록하며, 만나는 하나님께서 주신 기적임을 명확히 했다. 그런데 이스라엘은 그와 같은 만나를 지겨워하며 하찮게 여기고 있다.

이제는 우리의 기력이 다하여 이 만나 외에는 보이는 것이 아무것도 없도다 하니 민 11:6

그들은 출애굽 원년 2월 15일부터 그 이듬해 2월까지 약 1년이나 만나를 먹으며 하나님의 기적을 날마다 체험하며 살고 있으면서도 하나님의 은혜로 주어지는 이 만나를 지겨워했다.

은혜 중의 은혜는 바로 '지속되는 은혜'이다. 건강이 지속될 때, 평안함이 지속될 때, 일정한 수입이 지속될 때 그것은 하나님의 특별한 은혜가 부어졌다는 증거이다. 그런데 우리는 이렇게 지속되는 은혜 속에서 주어진 것들을 당연시하며 삶을 무료하게 여기는 우를 범하곤 한다.

배우자가 꼬박꼬박 월급을 갖다주면 감사함으로 월급봉투를 받기보다는 어느 날부터 "왜 이렇게 쥐꼬리만한 월급을 갖다 주냐?"라며 빈정대는 사람이 얼마나 많은가.

하나님을 알아야 원망과 절망의 산을 넘을 수 있다

이스라엘은 하나님의 엄청난 기적을 받은 백성이었으면서도 그것을 대수롭지 않게 여기며 기력이 쇠해졌다고 아우성을 친다. 그들이 이런 아우성을 칠 만큼 만나가 그토록 형편없는 식량이었을까? 아니다. 본문 7-8절에 나타난 만나에 대한 표현을 보면, 만나가 결코 그럴 취급을 받을 만한 식량이 아니었음을 알 수 있다.

사실 이런 표현을 보지 않더라도, 하나님께서 어떤 분이신지에 대한 믿음만 있다면, 만나가 어떤 식량인지 충분히 짐작할 수 있다. 하나님은 결코 사랑하는 그분의 백성들에게 형편없이 저급한 음식을 먹이실 분이 아니기 때문이다. "너희가 악한 자라도 좋은 것으로 자식에게 줄 줄 알거든 하물며 하늘에 계신 너희 아버지께서 구하는 자에게 좋은 것으로 주시지 않겠느냐"(마 7:11)라고 말씀하신 분이 아닌가.

그런데도 그리스도인인 우리는 아직도 이 원망의 산을 넘어서지 못한 채 현실이라는 장벽 앞에서 불평하며 사는 모습을 보이곤 한다.

이에 대해 모세는 10-15절까지 깊은 탄식과 절규하는 모습을 보인다. 지금까지 엄청난 영적 체험을 한 모세였지만 백성들의 끝없는 원망을 접하자 인간적 연민이 느껴질 만큼 괴로워하고 있다.

> 이 모든 백성에게 줄 고기를 내가 어디서 얻으리이까 그들이 나를 향하여 울며 이르되 우리에게 고기를 주어 먹게 하라 하온즉 책임이 심히 중하여 나 혼자는 이 모든 백성을 감당할 수 없나이다 주께서 내게 이같이 행하실진대 구하옵나니 내게 은혜를 베푸사 즉시 나를 죽여 내가 고난 당함을 내가 보지 않게 하옵소서 민 11:13-15

하나님의 사람 모세의 흔들림이 엿보이는 대목이다. 그는 하나님께 주목했던 시선을 잠깐 자신에게로 돌리고 있다. "지금 내 생명을 거두시옵소서"(왕상 19:4)라는 엘리야의 간구를 듣는 듯도 하다. 그 지친 엘리야처럼, 모세 역시 심한 책임감 앞에서 자신을 죽여 달라는 극단적인 간구를 하고 있다.

그러나 하나님의 사람은 이런 지점에 이를 수는 있지만, 이런 기도를 넘어설 수 있어야 한다. 인간은 상황 때문이 아니라 절망 때문에 망하는 존재임을 기억해야 해야 한다. 우리는 생명의 주 그리스도를 믿는 사람이다. 그러므로 상황이 어려울수록 소망의 기도, 생명을 낳는 기도를 함으로써 곤고한 상황을 믿음으로 뚫고 나와야 한다.

믿음과 신뢰로 끝까지 경주하라

모세가 비록 죽여달라는 기도를 했어도 하나님은 그 기도를 들으시고 이스라엘 백성들에게 응답을 주신다. 본문 16-23절은 하나님의 응답하시는 모습에 대한 기록이다.

하나님은 먼저 나이 든 지도자 70명을 세워 모세의 짐을 나눠 지게 하시고는 이렇게 말씀하신다.

> 또 백성에게 이르기를 너희의 몸을 거룩히 하여 내일 고기 먹기를 기다리라 너희가 울며 이르기를 누가 우리에게 고기를 주어 먹게 하랴 애굽에 있을 때가 우리에게 좋았다 하는 말이 여호와께 들렸으므로 여호와께서 너희에게 고기를 주어 먹게 하실 것이라 민 11:18

"애굽에 있을 때가 우리에게 좋았다"라는 말을 듣고도 고기를 주겠다고 하심은 그분의 전적인 '은혜'와 '긍휼'이다. 그것도 한 달 동안 계속해서 코에서 냄새가 나도록 고기를 주겠다고 하신다.

하나님은 그분이 사랑하시는 백성들의 불평 어린 탄식에 이처럼 응답하셨다. 마치 컴퓨터 게임을 하겠다고 생떼를 쓰는 아이에게 한 달 동안 컴퓨터 게임을 실컷 하라고 응하는 것과 같다. 하나님께서 이런 응답을 주시자 모세는 여전히 인간적인 한계 속에서 대답한다.

> 모세가 이르되 나와 함께 있는 이 백성의 보행자가 육십만 명이온데 주의 말씀이 한 달 동안 고기를 주어 먹게 하겠다 하시오니 그들을 위하여 양 떼와 소 떼를 잡은들 족하오며 바다의 모든 고기를 모은들 족하오리이까 민 11:21,22

이에 대한 하나님의 간결하고도 멋진 대답이 이어진다.

> 여호와께서 모세에게 이르시되 여호와의 손이 짧으냐 네가 이제 내 말이 네게 응하는 여부를 보리라 민 11:23

하나님께서 이처럼 당신의 백성을 향해 강변하실 때가 종종 있다. 본문에서도 "여호와의 손이 짧으냐"라는 그 한 말씀으로 그분이 어떤 분인지를 강력하게 알려주신다. 하나님은 한다고 하시면 모든 걸 초월하여 반드시 하시는 분임을 알려주신다.

실제로 31-35절에는 하나님의 응답으로 고기를 먹는 이스라엘의 모습이 소개된다. 그런데 이 구절을 보면 부끄러운 우리의 자화상을 보는 것 같아 민망하기 그지없다.

먼저 31절에 의하면 하나님은 메추라기를 이스라엘에게 쏟아부으시되, 이스라엘 진 사방으로 하룻길 되는 지면(적어도 20킬로미터 이상) 위로 쏟아부으셨다. 이런 넓은 곳에 메추라기를 내리덮으셨으니 그 양이 얼마나 엄청났을까.

만약 이스라엘 백성에게 하나님을 향한 믿음의 시선이 있었다면 이런 하나님의 행하심을 보았을 때 어떤 반응을 보였을까? 그쯤에서 회개 기도를 먼저 했을 것이다. 쏟아진 메추라기를 보며 눈이 휘둥그레지기보다는, 철렁 내려앉은 가슴을 쓸어내리며 하나님께 잘못했다고 비는 게 마땅하기 때문이다. 그러나 이스라엘은 탐욕에 사로잡힌 미성숙한 모습 그 자체였다.

> 백성이 일어나 그날 종일 종야와 그 이튿날 종일토록 메추라기를 모으니 적게 모은 자도 열 호멜이라 그들이 자기들을 위하여 진영 사면에 펴두었더라 민 11:32

10호멜은 약 2.2톤 정도의 양이다. 그들은 고기를 보자 완전히 정신이 나가서 낮밤으로 메추라기를 주웠을 뿐 아니라, 그다음 날도 고기 모으는 일에 힘을 다했다. 도대체 그렇게 많은 고기를 모아서 언제 다 먹을 심산이었을까?

그들은 하나님의 기적을 체험하면서도 어떤 회개나 감사의 고백을 고하지 않았다. 채워도 채워도 채워지지 않는 그들의 탐욕의 크기만큼 고기를 계속해서 쓸어 모았을 뿐이다. 어쩌면 쏟아진 고기를 보고 "봐라, 내 말이 맞지? 우리가 이렇게 좀 세게 나와야 하나님도 겁먹고 고기를 내놓는 거야"라며, 자신들이 불평한 행위를 정당화했을지도 모른다.

그들은 어쩌면 하나님을 자신들의 탐욕을 채우는 수단으로 봤을 수도 있다. 우리가 간혹 하나님을 주인 삼고 살기보다는 내가 주인 되어서 하나님을 종 부리듯 부리며 흔들듯이. 결국 이스라엘은 이 일로 하나님의 진노를 샀고, 탐욕을 부린 백성들은 기브롯 핫다아와에 장사 지낸 바 되었다(34절).

이를 통해 민수기 11장은 우리에게 무엇을 말씀하고 있을까? 어쩌면 끝없는 욕심으로 산을 넘지 못하는 우리에게 "하나님께서 우리 삶에 부으신 은혜는 이스라엘에게 내려주신 만나처럼, 모자라지도 남지도 않게 가장 적절하고 가장 적합하게 주시는 최상의 은혜이다"라고 선포하는 듯도 하다.

그럼에도 혹시 당신은 하나님의 은혜가 늘 부족하다고 아우성치고 있지는 않은가? 만약 그렇다면, 아직도 애굽에서의 삶의 잔상이 삶 속에 남아 있지 않은지부터 돌아봐야 할 것이다.

본문은 우리에게 웅변하듯 알려주고 있다. 혹 무엇이 부족하거나 무엇 때문에 힘들다고 느끼더라도 조금만 더 인내하고 순종하며 기다려야 한다고. 조금만 더 기다리면 주님께서 약속하신 축복의 땅에 갈 수 있음을 믿고, 이제는 "고기 달라"라는 아우성을 멈추라고. 그리고, 이제는 그 불평과 원망의 산을 넘고 믿음과 신뢰의 경주를 달려갈 때라고!

PART 4

믿음으로
싸워야 하는

광야에서

13

비방하는 자와
온유한 자

민수기 12장 1-13절

1 모세가 구스 여자를 취하였더니 그 구스 여자를 취하였으므로 미리암과 아론이 모세를 비방하니라 2 그들이 이르되 여호와께서 모세와만 말씀하셨느냐 우리와도 말씀하지 아니하셨느냐 하매 여호와께서 이 말을 들으셨더라 3 이 사람 모세는 온유함이 지면의 모든 사람보다 더하더라 4 여호와께서 갑자기 모세와 아론과 미리암에게 이르시되 너희 세 사람은 회막으로 나아오라 하시니 그 세 사람이 나아가매 5 여호와께서 구름기둥 가운데로부터 강림하사 장막 문에 서시고 아론과 미리암을 부르시는지라 그 두 사람이 나아가매 6 이르시되 내 말을 들으라 너희 중에 선지자가 있으면 나 여호와가 환상으로 나를 그에게 알리기도 하고 꿈으로 그와 말하기도 하거니와 7 내 종 모세와는 그렇지 아니하니 그는 내 온 집에 충성함이라 8 그와는 내가 대면하여 명백히 말하고 은밀한 말로 하지 아니하며 그는 또 여호와의 형상을 보거늘 너희가 어찌하여 내 종 모세 비방하기를 두려워하지 아니하느냐 9 여호와께서 그들을 향하여 진노하시고 떠나시매 10 구름이 장막 위에서 떠나갔고 미리암은 나병에 걸려 눈과 같더라 아론이 미리암을 본즉 나병에 걸렸는지라 11 아론이 이에 모세에게 이르되 슬프도다 내 주여 우리가 어리석은 일을 하여 죄를 지었으나 청하건대 그 벌을 우리에게 돌리지 마소서 12 그가 살이 반이나 썩어 모태로부터 죽어서 나온 자 같이 되지 않게 하소서 13 모세가 여호와께 부르짖어 이르되 하나님이여 원하건대 그를 고쳐주옵소서

최근 우리나라 정치사에 나타나는 특징 중 하나는 예전과 비교해 대통령의 권위가 현저하게 실추되었다는 점이다. 대통령을 화두에 올려 개그 소재로 사용함은 물론, 대통령의 이름을 거명하며 모욕적인 언사를 거리낌 없이 쏟아붓기도 한다. 한 국가의 대통령에게는 하나님께서 부여하신 고유한 권위가 있을 텐데, 한편으로는 국정 실무자 스스로 그 권위를 떨어뜨린 측면도 있어 보여 여러모로 안타까운 현실이다.

그러나 국가의 녹을 받지 않는 일반인들이 아니라 국가 고위직 공무원들의 입에서까지 대통령 폄하 발언이 오르내린다면 이는 심상치 않은 징조라 할 수 있다. 집단 안에서 서로를 비방하고 원망하는 현상이야말로 그 집단의 건강성을 의심하게 할 뿐 아니라, 기반 자체가 흔들리고 있음을 보여주는 증거이기 때문이다.

이러한 현상은 교회 공동체에서도 비슷하게 나타난다. 따라서 민수기에 나타난 광야 이스라엘 백성들의 모습에서 우리는 교회 공동체의 인간적 한계를 읽을 수 있다.

앞서 본 대로, 이스라엘 백성들은 고기가 먹고 싶다는 이유로 하나님께 원망을 쏟아놓았다. 그런데 민수기 12장에는 지도자 그룹 내에서 하나님께서 주신 영적 권위에 대해 비방하는 장면이 나온다. 이는 먹거리 문제로 백성들이 원망한 일보다 더욱 심각한 문제라 할 수 있다.

생각해보라. 2백만 명이나 되는 거대한 집단이 광야에 있다. 군인만 60만 명이나 되는 큰 무리이다. 더구나 그들은 조만간 가나안에서 전쟁을 치러야 한다. 그런 상황에서 지휘관들끼리 비방하는 것은 그 자체가 패배를 자초하는 일이 아닐 수 없다.

본문에 등장하는 이스라엘의 지도자 그룹은 모세, 아론, 미리암으로 대표된다. 물론 모세의 시종이었던 여호수아도 있고 나이 든 지도자 70명도 있었지만 모세와 아론, 미리암은 하나님께서 특별히 구별한 지도자들이었다. 그런데 이 세 사람 사이에 비방하는 모습이 드러났다.

공동체 최고의 위기, 비방

모세가 구스 여자를 취하였더니 그 구스 여자를 취하였으므로 미리암과 아론이 모세를 비방하니라 민 12:1

이 1절 말씀만을 보면 여러 의구심이 든다. 우선 모세의 첫번째 부인인 십보라의 존재에 관한 것이다. 십보라는 어떻게 된 것일까? 출애굽기 2장 16-22절에는 모세가 애굽을 나와 미디안 땅에서 십보라와 결혼했다는 내용이 나온다. 그 후 40년이 지나 모세의 나이 팔십이었을 때 그는 하나님의 부르심을 받고 부인 십보라와 함께 애굽으로 내려갔다(출 4:20).

그런데 이스라엘이 출애굽했다는 소식을 듣고 장인 이드로가 시내산으로 찾아왔을 때 성경은 십보라에 관해 다음처럼 기록했다.

모세의 장인 이드로가 모세가 돌려보내었던 그의 아내 십보라와 그의 두 아들을 데리고 왔으니… 출 18:2,3

이 기록에 의하면, 모세는 십보라와 함께 애굽으로 내려가던 도중에 무슨 이유에서인지 아내를 미디안으로 돌려보냈다.

민수기 10장 29-32절에서는 장인 이드로의 아들 호밥이 모세의 곁을 떠나려고 할 때 모세가 함께할 것을 권하여 후에 가나안 땅에 이르는데, 이드로가 십보라를 데리고 다시 미디안으로 갔는지, 아니면 이스라엘이 시내산에서 머물 때 십보라가 죽었는지는 알 수 없다.

이처럼 성경은 십보라의 죽음에 관해 직접적인 언급은 하지 않는다. 그러나 모세가 구스(에티오피아) 여인과 결혼한 것으로 보아, 아마도 그는 십보라와 사별했던 것으로 짐작된다. 모세의 결혼이 합법적으로는 문제가 없었을 거라는 뜻이다.

본문 1절에서도 미리암과 아론이 이 결혼을 비방한 것은 모세가 결혼했다는 것 때문이 아니라 결혼 대상이 구스 여인이었기 때문으로 보인다.

그러나 이 역시 문제 될 일은 아니었다. 출애굽기 34장 16절에 따르면 하나님은 가나안 여인과의 결혼만을 금하셨기 때문에 모세가 구스 여인과 결혼한 일이 문제될 것은 없었다.

그런데 왜 미리암과 아론은 구스 여인과 결혼한 모세를 비방했을까? 그 정확한 표면적 이유를 알아내기란 불가능하다. 다만 1절에서 모세를 비방한 사람이 "미리암과 아론"이라고 표현된 것, 그리고 10절에서 미리암과 아론을 향해 여호와께서 진노하실 때 그 진노가 미리암에게 집중된 것을 보면 이 비방의 선동자는 미리암이고 아론은 동조자였던 것 같다.

건강한 면역계를 파괴하는 독

그들이 이르되 여호와께서 모세와만 말씀하셨느냐 우리와도 말씀하지 아니하셨느냐 하매 여호와께서 이 말을 들으셨더라 민 12:2

이 구절을 보면, 그들이 모세를 비방한 명분은 정확하지 않지만 비방의 근본적 동기는 짐작할 수 있다. 그들은 구스 여인과의 결혼을 문제 삼는 것부터 시작해 서서히 모세의 영적 권위를 건드리고 있었다. 이는 미리암과 아론이 모세를 비방한 근본 이유가 '영적 시기심' 때문이었음을 시사한다. 모세에 대한 영적 시기심 때문에 결혼 문제를 구실로 그를 비방한 것이다.

모세가 구스 여인과 결혼한 것은 하나님이 보시기에도 문제 삼을 게 없었는데 미리암은 그것을 문제 삼아 맹렬히 비방했고 아론은 이에 동조했다. 이것은 그들이 하나님께서 모세에게 입히신 영적 권위에 순복하지 않았음을 보여준다.

성경은 2절 끝부분에서 "여호와께서 이 말을 들으셨더라"라는 표현을 통해, 그들의 이런 행위를 하나님은 모세를 세우신 그분에 대한 도전으로 간주하셨음을 말씀한다. 본문 4-9절에서 하나님은 그런 미리암과 아론에 대해 직접적이고도 심각한 반응을 보이셨다.

먼저 회막 앞으로 이 세 명을 나아오게 하시고, 미리암과 아론을 앞으로 불러내 말씀하신다. 5-9절을 읽어보면 이들을 향한 하나님의 어조에서 화가 나셨음을 짐작할 수 있다.

> 그와는 내가 대면하여 명백히 말하고 은밀한 말로 하지 아니하며 그는 또 여호와의 형상을 보거늘 너희가 어찌하여 내 종 모세 비방하기를 두려워하지 아니하느냐 여호와께서 그들을 향하여 진노하시고 떠나시매 민 12:8,9

이와 같은 하나님의 진노는 징벌로 이어진다. 비방을 선동한 미리암이 나병에 걸렸는데 "그가 살이 반이나 썩어 죽어서 모태로부터 죽어서 나온 자같이 되지 않게 하소서"(민 12:10)라는 아론의 탄식을 통해, 미리암이 걸린 나병의 상태가 매우 심각했음을 알 수 있다. 미리암의 심각한 나병 상태는, 교회 공동체에서의 영적 시기심이 얼마나 심각한 결과를 가져오는지를 보여준다.

신약성경에서 이와 같은 영적 시기심이 예수님의 제자들에게서도 몇 차례 나타났음을 볼 수 있다. 그 한 예가 "누가 크냐"의 문제로 제자들이 다툼을 일으켰던 일이다. 그러나 주님께서는 다투는 제자들의 발을 닦아주심으로써 진정으로 큰 사람이 누구인지를 보여주셨다. 섬기는 자가 섬김을 받는 자보다 더 큰 사람이라는 것을 몸소 나타내 보이신 것이다.

또한 바울이 빌립보교회에 보낸 편지를 읽어보면 빌립보교회 안에도 이런 아픔이 있었음을 알 수 있다.

> 내가 유오디아를 권하고 순두게를 권하노니 주 안에서 같은 마음을 품으라 빌 4:2

이런 마음을 담은 교훈은 빌립보서 2장 1-5절에도 계속해서 선포된다. 이것을 볼 때 교회 공동체 안에서 영적 권위에 순복하여 주 안에서 같은 마음으로 달려가는 것이 하나님나라의 영광을 구현하는 데 얼마나 중요한지를 알 수 있다.

12장 본문은 하나님의 교회와 그 지도자들을 치명적으로 약화시키는 것들이 무엇인지 생생하게 보여주고 있다. 공동체 내에서, 그것도 지도자 집단 내에서 미리암과 아론이 모세를 비방한 것은 상대방을 자기보다 낮춤으로 자기가 높아지려는 마음속의 숨은 동기 때문이었다. 이것이 바로 죄인 된 인간의 비열한 속성이다. 인간은 본능적으로 남을 깎아내림으로써 자신이 높아지려는 계산으로 살아간다.

더구나 미리암과 아론은 모세에게 영적 시기심을 품고 있었다. 하나님 앞에서 아름답게 쓰임받는 동역자를 시기하고 있었던 것이다. 이런 마음을 가지면 결국엔 수군수군하는 죄, 후욕하는 죄를 범하게 된다.

남의 말 하기를 좋아하는 자의 마음속 숨은 동기야말로 거룩한 공동체를 파괴시키는 강한 독이 된다. 성경이 남의 말 하기를 좋아하는 자와 사귀지 말라고 경계한 이유가 여기에 있다.

"여호와께서 이 말을 들으셨더라"(2절)라는 구절을 볼 때 우리는 정말 말을 조심해야 한다는 것을 강하게 느낄 수 있다. 비방의 언어는 건강한 몸의 면역계를 깨뜨리는 독소라는 것을 절대 잊지 말아야 한다.

비방의 폭풍우에도 온유의 햇살로

그런데 이런 비방을 듣는 모세의 반응이 예사롭지 않다. 그는 아무런 대꾸도 변명도 없다. 그에 대한 성경의 객관적 평가만 봐도 그가 얼마나 하나님의 친밀하심을 입은 사람인지 알 수 있다.

이 사람 모세는 온유함이 지면의 모든 사람보다 더하더라 민 12:3

모세에 대한 하나님의 평가 또한 놀랍다.

내 종 모세와는 그렇지 아니하니 그는 내 온 집에 충성함이라 민 12:7

비방을 받았던 모세의 태도를 통해 우리는 비방 받을 때 어떤 자세로 위기를 넘어서야 하는지 배울 수 있다. 비방을 받고 구설에 오르면 대개 즉각적으로 대응하곤 한다. 자신을 변명하거나 상대방을 공격하고, 보복하고 싶어 안달이 나기도 한다.

그러나 본문에서 모세가 보여주었듯이, 하나님의 사람들은 끝까지 하나님 앞에서 온유함을 놓치지 말아야 한다. 그는 왜곡된 비방을 이기는 힘은 온유함이라는 것을 직접 보여주었다.

현실에서도 처음에는 바람과 같은 비방의 영향력이 강한 것 같아도 결국은 해와 같은 온유함이 누군가의 외투를 벗기는 힘을 발휘한다. 그래서 예수님은 "온유한 자는 복이 있나니 그들이 땅을 기업으로 받을 것임이요"(마 5:5)라고 말씀하셨다.

어떤 비방 앞에서도 끝까지 온유함을 잃지 말아야 하는 것은 어떤 문제가 와도 그 문제에 대해 하나님께서 교통정리를 다 해주시기 때문이다. 삶의 모든 영역을 다스리시는 하나님을 믿는 믿음이 있다면 문제가 있을 때마다 자기가 나서서 상대방과 싸워 해결하려고 하지 않을 것이다. 하나님께서 명령하신 대로 "할 수 있거든 너희로서는 모든 사람과 더불어 화목하라"(롬 12:18)라는 말씀을 지키려고 순종만 할 뿐이다.

따라서 우리가 주님께 드리는 최고의 헌신은 언제나 온유함을 잃지 않는 일이다. 상대방을 절대로 비방하지 않을뿐더러 비방이 나에게 몰려오는 순간조차 온유함으로 대처하는 사람이 세상을 이기며, 또한 땅을 기업으로 받을 것이다.

14

불신의 선택?
믿음의 선택!

민수기 13장 25-33절

25 사십 일 동안 땅을 정탐하기를 마치고 돌아와 26 바란 광야 가데스에 이르러 모세와 아론과 이스라엘 자손의 온 회중에게 나아와 그들에게 보고하고 그 땅의 과일을 보이고 27 모세에게 말하여 이르되 당신이 우리를 보낸 땅에 간즉 과연 그 땅에 젖과 꿀이 흐르는데 이것은 그 땅의 과일이니이다 28 그러나 그 땅 거주민은 강하고 성읍은 견고하고 심히 클 뿐 아니라 거기서 아낙 자손을 보았으며 29 아말렉인은 남방 땅에 거주하고 헷인과 여부스인과 아모리인은 산지에 거주하고 가나안인은 해변과 요단 가에 거주하더이다 30 갈렙이 모세 앞에서 백성을 조용하게 하고 이르되 우리가 곧 올라가서 그 땅을 취하자 능히 이기리라 하나 31 그와 함께 올라갔던 사람들은 이르되 우리는 능히 올라가서 그 백성을 치지 못하리라 그들은 우리보다 강하니라 하고 32 이스라엘 자손 앞에서 그 정탐한 땅을 악평하여 이르되 우리가 두루 다니며 정탐한 땅은 그 거주민을 삼키는 땅이요 거기서 본 모든 백성은 신장이 장대한 자들이며 33 거기서 네피림 후손인 아낙 자손의 거인들을 보았나니 우리는 스스로 보기에도 메뚜기 같으니 그들이 보기에도 그와 같았을 것이니라

인생은 선택의 연속이다. 어떤 길로 가고 무엇을 할지에 대한 선택의 열매가 바로 인생이기 때문이다. 그래서 어떤 이들은 "현재는 과거 우리의 선택이고, 현재의 선택은 우리의 미래"라고 말한다. 선택이 모여서 인생의 질과 내용을 결정지으므로 선택의 중요성은 아무리 강조해도 지나치지 않다.

특별히 우리 그리스도인들에게는 수많은 선택의 기로에서 "하나님의 영광을 위하여"라는 선택의 대전제가 주어졌다. "먹든지 마시든지 무엇을 하든지 다 하나님의 영광을 위하여 하라"(고전 10:31)라는 말씀이 그것이다.

본문의 이스라엘은 하나님의 백성들에게 주어진 선택의 원리를 따르지 않아서 삶의 중요한 순간에 부끄러운 실수를 저질렀다. 우리는 "하나님의 영광을 위하여"라는 대전제 안에서 앞으로도 많은 선택 앞에 설 텐데, 그런 이스라엘의 모습을 살펴 타산지석으로 삼는 것은 매우 중요한 일이라 하겠다.

애굽에서 홍해를 건너 광야에 나온 이스라엘 백성은 시내산에서 9개월 넘게 체류한 끝에 드디어 가나안으로 행진을 시작했다. 그리고 열하루 만에 마침내 가나안 땅의 최남단 지경인 가데스 바네아에 도착한다.

그런데 그들은 앞에서 누누이 언급한 대로 2백만 명이나 되는 거대한 무리였다. 이는 주변 수많은 민족에게 이들의 존재가 노출될 수밖에 없다는 의미이다. 실제로 광야 어디에도 그들의 존재를 은폐시킬 만한 곳은 없었다.

달리 말하면 가나안에 살던 원주민들도 애굽에서 나온 이스라엘이 자신들의 땅 가나안으로 올라오고 있다는 사실을 알고 있었다는 것이다. 가데스 바네아에 당도한 이스라엘이 앞일을 걱정하는 것 이상으로 가나안에 살고 있던 원주민들도 이 상황을 심각하게 여겼을 것이다.

그 증거를 40년 뒤에 나타난 여리고성 함락 사건에서 찾을 수 있다. 가나안에 들어가 여리고성에서 첫 번째 전투를 치르기 전, 이스라엘은 요단강을 건너 가나안 지경에 들어와 여리고성 앞 길갈에서 할례를 행했다. 이렇게 할례를 행하면 일주일 정도는 완전 무장해제 상태가 될 수밖에 없다. 그런데도 당시 여리고성의 상태를 성경은 이렇게 기록한다.

말하되 여호와께서 이 땅을 너희에게 주신 줄을 내가 아노라 우리가 너희를 심히 두려워하고 이 땅 주민들이 다 너희 앞에서 간담이 녹나니 수 2:9

요단 서편의 아모리 사람의 모든 왕들과 해변의 가나안 사람의 모든 왕들이 여호와께서 요단 물을 이스라엘 자손들 앞에서 말리시고 무리를 건너게 하셨음을 듣고 마음이 녹았고 이스라엘 자손들 때문에 정신을 잃었더라 수 5:1

하나님께서 요단강을 말리신 사건으로 아모리 사람들은 이미 정신을 잃었고, 가나안 원주민들은 이미 그 이전에 하나님께서 홍해를 말리시고 이스라엘을 쫓아오던 애굽의 군인들을 몰살시킨 일로 인해 공포에 사로잡혀 있었다고 한다. 주변 모든 민족과 부족 역시 이스라엘이 아멜렉과의 전쟁을 치를 때 모세가 손을 들면 승리했던 일로 인해 두려움에 사로잡혔다는 것이다.

"도대체 저들이 누구인가? 도대체 그 거대한 무리가 어디에서 물을 구하며 어디에서 양식을 얻어 생존할 수 있었을까? 그들이 어떻게 이곳까지 이르렀을까? 도대체 저들과 함께하는 신은 누구인가?"

우리가 아는 대로, 당시의 모든 전쟁은 곧 신들의 전쟁으로 인식되었다. 그래서 더더욱 주변 국가들은 이스라엘과 함께하는 여호와 하나님에 대한 두려움을 느꼈고, 여러 면에서 이스라엘이 두려워 벌벌 떨고 있었다.

'그러나'가 알려주는 그들의 거짓 논리

이런 상황에서 이스라엘은 가데스 바네아라고 하는 가나안 최남단 지경에 당도했다. 그런 뒤 그들은 지나온 시절을 돌아보며 회상에 잠겼을지도 모르겠다. 4백 년이 넘는 애굽 생활을 떠올리며 약속의 땅에 대한 기대와 설렘도 느꼈을 것이다.

하지만 무엇보다 그들의 생각을 사로잡은 것은 '전쟁'이었을 것이다. 그들은 이미 애굽에서 종살이할 때부터 크고 작은 전쟁의 소문을 익히 들어 알고 있었고 아멜렉과의 전쟁도 직접 경험한 터라, 전쟁에 대한 준비로 부산했을 것이다.

그래서 그들 안에서 자연스럽게 제시된 게 정탐꾼이었다. 민수기 13장 1-3절에서는 정탐꾼에 대한 발의를 하나님께서 하신 것처럼 보이지만 신명기 1장 22절을 보면 이스라엘 백성들이 먼저 모세에게 강청했음을 알 수 있다. 이 두 본문을 절충하면, 이스라엘이 먼저 제안했고 모세가 그 제안을 하나님께 말씀드려서 결국 하나님께서 허락하신 것으로 보인다.

사실 하나님은 정탐을 제안하는 이스라엘 백성에게 어떤 심경의 변화가 일어났는지를 이미 아셨을 것이다. 그럼에도 어쨌든 정탐꾼을 보내겠다는 발의 자체는 큰 문제가 없어 보인다. 요셉이 곡식을 구하러 온 형들에게 "너희는 이 나라의 틈을 엿보려고 온 정탐꾼"(창 42:9 참조)이라 했듯 이 정탐의 방식은 당시 민족과 부족 간에 일상적으로 이루어지고 있었기 때문이다.

너희가 다 내 앞으로 나아와 말하기를 우리가 사람을 우리보다 먼저 보내어 우리를 위하여 그 땅을 정탐하고 어느 길로 올라가야 할 것과 어느 성읍으로 들어가야 할 것을 우리에게 알리게 하자 하기에 신 1:22

모세도 이에 대해 "내가 그 말을 좋게 여겨"(23절)라고 반응했다. 그러나 아무리 목적이 선해도 과정에서 왜곡되면 결과는 원래의 목적과는 전혀 다르게 나타나기 마련이다.

민수기 13장 4-16절에 정탐꾼의 명단이 소개된다. 이스라엘 12지파의 두령들이 12명의 정탐꾼이다. 이들은 가나안 땅 이곳저곳을 40일 동안 탐지하고 다녔다. 이것을 통해, 당시 가나안 지경의 보안 상태와 가나안 부족민들의 마음 상태를 짐작할 수 있다. 그들의 보안이 형편 없이 허술했거나, 아니면 그들이 두려움에 사로잡힌 나머지 정신을 놓았을 가능성이 커 보인다.

사실 이스라엘이 가나안 최남단에 도착한 상황에서, 12명이나 되는 무리가 40일 동안 가나안을 무리 없이 정탐하고 다녔다는 것만으로도 이 싸움의 결과를 충분히 전망할 수 있다.

정탐꾼들의 보고 중에 이들의 정탐 40일 동안 어떠한 위기 상황이나 제지가 있었다는 내용이 하나도 없지 않은가. 이를 통해 갈렙의 이 말이야말로 정확한 보고였음을 알 수 있다.

다만 여호와를 거역하지는 말라 또 그 땅 백성을 두려워하지 말라 그들은 우리의 먹이라 그들의 보호자는 그들에게서 떠났고 여호와는 우리와 함께 하시느니라 그들을 두려워하지 말라 하나 민 14:9

민수기 13장 17-20절은 정탐꾼에게 부여된 사명을 소개하고, 21-24절은 정탐꾼들의 40일간의 간단한 행적을 소개하면서 그들이 에스골 골짜기에서 포도송이를 취했다는 사실도 언급한다.

본문인 25-33절 역시 정탐보고 내용인데 여기서 정탐꾼들의 보고를 보면 단순한 정탐 내용에 대한 열거함으로써 그들에게 부여된 사명을 보고한 것이 아니었다. 그들은 그들 나름대로의 결론을 갖고 그 결론을 주지시키기 위한 설명회처럼 분위기를 만들어갔다. 먼저 가나안 땅에서 가져온 포도송이를 내어놓으며 이렇게 말한다.

> … 당신이 우리를 보낸 땅에 간즉 과연 그 땅에 젖과 꿀이 흐르는데 이것은 그 땅의 과일이니이다 민 13:27

이때를 언급한 신명기 말씀을 보라.

> 그 땅의 열매를 손에 가지고 우리에게로 돌아와서 우리에게 말하여 이르되 우리의 하나님 여호와께서 우리에게 주시는 땅이 좋더라 하였느니라
> 신 1:25

정탐꾼들은 가나안에서 가져온 포도송이를 보여주면서 하나님의 이름을 운운하는 가운데 먼저는 "가나안 땅이 좋다!"라고 평했다. 그러나 이어지는 보고를 가만히 들어보면 이러한 태도가 얼마나 사악한지 알 수 있다. 그들은 자신들의 불신을 위장하기 위해 하나님의 이름을 사용하고 있었기 때문이다.

> 그러나 그 땅 거주민은 강하고 성읍은 견고하고 심히 클 뿐 아니라 거기서 아낙 자손을 보았으며 아말렉인은 남방 땅에 거주하고 헷인과 여부스인과 아모리인은 산지에 거주하고 가나안인은 해변과 요단 가에 거주하더이

다 민 13:28,29

이러한 보고는 저들이 40일 동안 정탐한 내용을 충실하게 보고한 것처럼 비춰지며 크게 문제가 없어 보인다. 하지만 그들이 사용한 단어를 보면 그들의 마음을 짐작할 수 있다.

… 과연 그 땅에 젖과 꿀이 흐르는데 이것은 그 땅의 과일이니이다 그러나 그 땅 거주민은 강하고 성읍은 견고하고 심히 클 뿐 아니라 거기서 아낙 자손을 보았으며 민 13:27,28

그들의 불신은 원래 그들이 사용해야 하는 단어를 바꿔놓았다. '그리고'라고 해야 할 것을 '그러나'로 바꾼 것이다.

만약 이 부분에 '그리고'가 들어갔으면 그들은 객관적인 정탐 보고를 했다는 게 되지만, 뒷 문장이 상반될 때 사용하는 '그러나'가 들어감으로써 그 정탐보고의 진실성 여부를 의심하게 되는 것이다.

A: 그들은 나를 사랑한다고 말했다. 그리고 나를 위해 기도해주었다.
B: 그들은 나를 사랑한다고 말했다. 그러나 나를 언제나 따돌렸다.

B 문장의 경우, '그러나'를 통해, 그들이 나를 사랑한다고 말한 게 거짓임을 알 수 있다. 그렇듯 27절과 28절을 잇는 '그러나'라는 접속사는 그들의 정탐 보고가 하나님 앞에서 잘못되었음을 보여준다.

열 명의 정탐꾼은 이스라엘을 두려워하는 가나안 족속의 정복을 앞두고 오히려 "그 땅 거주민은 강하고 성읍은 견고하고 심히 클 뿐 아니라"라는 표현을 통해 그 땅 정복이 불가하다는 자신들의 의견을 강하게 피력했다. 역사의 주관자이신 하나님 앞에서 그들 자신이 주관자가 되어 이스라엘 역사의 물길을 잘못된 방향으로 열어가고 있었다.

믿음의 시선만이 승리를 부른다

이러한 정탐보고를 들은 백성들은 동요하기 시작했다. 그러자 정탐꾼 가운데 한 명인 갈렙이 다른 정탐꾼과 달리 확신 있는 발언을 했고, 그 발언은 백성의 동요를 진정시킬 수 있을 만큼 강력했다.

갈렙이 모세 앞에서 백성을 조용하게 하고 이르되 우리가 곧 올라가서 그 땅을 취하자 능히 이기리라 하나 민 13:30

문제는 그와 함께 올라갔던 열 명의 정탐꾼들의 불신 가득한 발언이 백성을 더욱 동요케 했다는 점이다.

그와 함께 올라갔던 사람들은 이르되 우리는 능히 올라가서 그 백성을 치지 못하리라 그들은 우리보다 강하니라 하고 이스라엘 자손 앞에서 그 정탐한 땅을 악평하여 이르되 우리가 두루 다니며 정탐한 땅은 그 거주민을 삼키는 땅이요 거기서 본 모든 백성은 신장이 장대한 자들이며 거기서 네

피림 후손인 아낙 자손의 거인들을 보았나니 우리는 스스로 보기에도 메뚜기 같으니 그들이 보기에도 그와 같았을 것이니라 민 13:31-33

이것은 정탐보고가 아니었다. 그들의 본심을 드러낸 것이며, 자기들의 뜻을 백성들에게 설득시키려는 설교였다. 물론 갈렙의 발언도 정탐보고가 아니라 설교의 성격을 띤다. 그러나 갈렙의 설교와 열 명의 정탐꾼이 했던 설교는 그 내용이 완전히 달랐다. 왜 그랬을까?

오직 여분네의 아들 갈렙은 온전히 여호와께 순종하였은즉 그는 그것을 볼 것이요… 신 1:36

그러나 너희가 올라가기를 원하지 아니하고 너희의 하나님 여호와의 명령을 거역하여 신 1:26

이 두 말씀에서 갈렙과 열 명의 정탐꾼이 상반되는 설교를 할 수밖에 없었던 근본적인 이유를 발견할 수 있다. 결국 하나님의 약속에 대한 신뢰와 불신의 차이가 그렇게 다른 내용의 설교를 토해내게 한 것이다. 열두 정탐꾼 중 열 명이 이구동성으로 주장하는 내용이 무엇인가?

… 우리는 능히 올라가서 그 백성을 치지 못하리라 그들은 우리보다 강하니라 민 13:31

상대적 패배주의에 사로잡혀 있는 그들의 모습이 보이지 않는가. 이런 모습은 불행한 인생을 사는 사람들에게서 나타나는 특징이기도 하다. 그러나 패배주의는 상황적인 어려움이 아니라 하나님을 향한 불신 때문에 생긴다는 것을 기억하자.

그들은 32절에서 보여주듯 상대적 비관주의에도 빠져 있었으며 33절에서는 자신의 삶을 악평하기까지 한다. 이러한 열등감은 심각한 왜곡을 불러왔다. 사실은 가나안 원주민들이 이스라엘을 두려워하고 있는데, 오히려 반대로 그들이 가나안 원주민들을 두려워하게 된 것이다.

열 명의 정탐꾼이 본 상황이나 갈렙과 여호수아가 본 상황은 똑같았지만, 그 두 편에서 내린 각각의 결론은 지옥과 천국처럼 완전히 달랐다.

우리 삶도 이와 같다는 것을 아는가? 상황이 문제가 아니다. 결혼, 취업, 진로, 먹고사는 문제 등과 같은 삶의 정황들이 결코 우리 삶의 질과 내용을 결정짓지 못한다. 문제는 우리의 선택이다. "믿음으로 선택하느냐, 불신으로 선택하느냐" 이것에 따라 기쁨을 얻기도 하고 슬픔을 얻기도 한다. 소망을 얻기도 하고 절망을 얻기도 한다. 사랑을 얻기도 하고 미움을 얻기도 한다.

이스라엘은 '갈렙, 여호수아 vs 열 명의 정탐꾼'이라는 2:10의 선택 앞에서 숫자적인 우위를 보고 열 명의 정탐꾼 쪽으로 마음이 흔들렸다.

당신은 어떤가? 모두들 "이제 너는 망했다"라고 말할 만큼 어둡고 힘든 상황일 때도, 믿음의 시선을 발동해서 자신에게 스스로 소망의 언어를 발하는 쪽을 선택할 수 있는가? 모두가 "저 사람은 실패자야"라고 손가락질할 때, 믿음의 입술을 열어 그를 격려하고, 회복하게 하는 도전을 줄 수 있는가? 모든 것은 선택의 문제이다. 선택이 곧 내 삶의 내용을 결정한다.

우리 삶의 매 순간 온전한 선택은 하나님을 신뢰하는 믿음에 있다. 갈렙과 여호수아가 가나안을 능히 취할 수 있노라 말할 수 있었던 것은 하나님의 약속을 믿는 믿음이 있기 때문이다. 찬송가 357장 〈주 믿는 사람 일어나〉의 후렴구인 "믿음이 이기네 믿음이 이기네 주 예수를 믿음이 온 세상 이기네"는 믿음으로 사는 모든 그리스도인의 고백이다.

15

절망을 딛고
소망으로 가려면

민수기 14장 1-4절

1 온 회중이 소리를 높여 부르짖으며 백성이 밤새도록 통곡하였더라 2 이스라엘 자손이 다 모세와 아론을 원망하며 온 회중이 그들에게 이르되 우리가 애굽 땅에서 죽었거나 이 광야에서 죽었으면 좋았을 것을 3 어찌하여 여호와가 우리를 그 땅으로 인도하여 칼에 쓰러지게 하려 하는가 우리 처자가 사로잡히리니 애굽으로 돌아가는 것이 낫지 아니하랴 4 이에 서로 말하되 우리가 한 지휘관을 세우고 애굽으로 돌아가자 하매

최첨단시대인 지금도 인류는 온갖 질병으로부터 위협당하고 있다. 아직도 정복되지 않은 각종 암 문제는 물론, 희귀 난치 질환으로 고통받는 사람이 너무나 많은 게 우리의 현실이다. 더구나 '코로나19' 바이러스의 출현은 바이러스가 얼마나 삽시간에 전 세계인을 공포로 몰아넣는지를 보여주고도 남았다.

그런데 우리 삶을 위협하는 것은 이런 육체적 질병 같은 외부적 요인만이 아니다. 보이지 않게 우리를 위협하며 옥죄는 더 심각한 질병이 있는데, 바로 '영적인 질병'이다.

유신론적 실존주의의 근원이 된 키에르케고르의 저서 《죽음에 이르는 병》에서는 인간을 죽음에 이르게 하는 가장 근본적인 문제가 '절망'에 있다고 지적한다. 인간이 건강을 유지하기 위해 아무리 좋은 식품을 골라 먹어도 일단 '절망'이라는 병에 걸리면 그는 곧 치명적 상태에 이르게 된다는 것이다.

철학자들과 사상가들은 인간이 절망(곧 죽음)에 이르게 된 원인을 놓고 여러 언어로 설명한다. 그러나 아무리 유명한 철학자며 사상가가 원인을 분석해 봐도 인간이 안고 있는 근본적 절망의 문제는 여전히 해결하지 못한다. 해결과 치료를 위해서는 원인을 분명히 알아야 하는

데, 누구도 절망의 근본 원인을 명쾌하게 제시하지 못하기 때문이다.

그러나 성경 본문에 소개된 이스라엘 백성의 모습을 통해 우리는 인간이 안고 있는 근본적인 '절망'의 문제가 무엇인지 알 수 있다. 진짜 절망이 무엇이고 그 절망의 근본적인 이유가 무엇인지 본문은 우리에게 말해준다.

삶의 방향을 잃어버린 절망

온 회중이 소리를 높여 부르짖으며 백성이 밤새도록 통곡하였더라 민 14:1

이스라엘은 깊은 절망에 빠졌다. 2백만 명이나 되는 거대한 무리가 곡하는 모습을 상상해보라. 그 소리와 광경이 너무도 처절했을 것이다. 그들의 절망은 곧 원망으로 이어지고, 더욱 노골적으로 표현된다.

이스라엘 자손이 다 모세와 아론을 원망하며 온 회중이 그들에게 이르되 우리가 애굽 땅에서 죽었거나 이 광야에서 죽었으면 좋았을 것을 어찌하여 여호와가 우리를 그 땅으로 인도하여 칼에 쓰러지게 하려 하는가 우리 처자가 사로잡히리니 애굽으로 돌아가는 것이 낫지 아니하랴 민 14:2,3

절망이 무엇인가? 미래가 없는 것이다. 미래가 보이지 않는 상태가 곧 절망이다. 가데스 바네아에 모여 있는 이 거대한 2백만 명의 무리는 미래가 보이지 않는 것처럼 절망하고 있다. 삶의 방향을 잃어버린 상태이다. 이 상태를 신명기에서는 이렇게 적고 있다.

> 우리가 어디로 가랴 우리의 형제들이 우리를 낙심하게 하여 말하기를 그 백성은 우리보다 장대하며 그 성읍들은 크고 성곽은 하늘에 닿았으며 우리가 또 거기서 아낙 자손을 보았노라 하는도다 하기로 신 1:28

이들은 마치 더듬이 잘린 개미처럼 보인다. 일반적으로 개미는 더듬이로 6천여 가지의 냄새를 구분하고, 생식 개미는 30만 가지의 냄새를 구분한다고 한다. 그 예민한 후각 때문에 개미는 방향을 잃지 않고 목적지를 향해 갈 수 있는 것이다.

어릴 적, 개미 몇 마리를 잡아 더듬이를 자르고 어떻게 행동하는지를 관찰한 적이 있다. 더듬이가 잘린 개미들은 하나같이 미친 듯 제자리를 돌거나 좌충우돌하는 모습을 보여주었다.

그런데 현재 이스라엘 백성들은 마치 더듬이 잘린 개미처럼 삶의 방향성을 완전히 상실한 듯 행동하고 있다. 그들이 곡하고 원망하는 이유가 이것이었다.

이스라엘은 과거 4백 년 동안 애굽에서 종살이하던 민족이었다. 그러다가 하나님의 은혜로 출애굽하여 광야로 나왔고, 약속의 땅 가나안에 이르기 위해 광야 행진을 시작했다.

광야는 결코 그들의 궁극적 목적지가 아니었다. 광야 행군의 목적은 하나님께서 약속하신 땅 가나안에 입성하는 것이었다. 그런데 그들은

가나안에 들어가기도 전에 열 명의 정탐꾼들의 보고만을 듣고 그 희망
찬 미래의 꿈을 접고 만다.

> 그와 함께 올라갔던 사람들은 이르되 우리는 능히 올라가서 그 백성을 치
> 지 못하리라 그들은 우리보다 강하니라 하고 이스라엘 자손 앞에서 그 정
> 탐한 땅을 악평하여 이르되 우리가 두루 다니며 정탐한 땅은 그 거주민을
> 삼키는 땅이요 거기서 본 모든 백성은 신장이 장대한 자들이며 민 13:31,32

정탐꾼들의 정탐보고대로라면, 이스라엘이 가나안에 들어가는 날에
는 죽을 수밖에 없었다. 그러나 이런 보고에도 유다 지파의 두령이요
족장인 갈렙은 "우리가 곧 올라가서 그 땅을 취하자 능히 이기리라"(민
13:30)라며 정반대의 말을 한다.

이와 같은 갈렙의 정탐보고는 이스라엘이 가야 할 분명한 길을 열
어 보여준다. 그는 이스라엘을 출애굽시켜 약속의 땅 가나안으로 가게
하신 하나님의 비전을 바라보도록 소망의 메시지를 선포하고 있었다.

그러나 이스라엘 온 회중을 움직인 것은 갈렙이 외친 소망의 메시지
가 아니라 열 명의 정탐꾼이 보고한 절망의 메시지였다. 분명 소망의
메시지가 함께 선포되었는데도, 백성들은 절망의 메시지만을 붙잡고
그 메시지를 향한 굳건한 믿음으로(?) 그토록 처절하게 통곡하며 엄청
난 원망과 탄식을 쏟아냈다.

군중심리와 영적 분별력

여기서 인간이 안고 있는 중대한 약점 한 가지를 발견하게 된다. 죄인인 우리는 이스라엘 민족처럼 부정적 메시지에 쉽게 노출되어 그것에 호응한다. 이것이 우리의 약함이다.

우리는 긍정의 말보다는 부정의 말을 더 잘 믿고 신뢰한다. 그러므로 부정적이고 절망적인 말을 스스로에게나 타인에게 뱉지 않도록 조심해야 한다. 부정적인 말일수록 강렬한 전염성이 있기 때문이다.

본문에서도 열 명의 정탐꾼이 했던 발언은 순식간에 2백만 명이나 되는 거대한 무리의 말로 번져갔다. 열 정탐꾼의 의식이 2백만 이스라엘 백성의 의식으로 전염된 것이다.

이와 같은 이스라엘을 통해 한 가지 사실을 더 발견할 수 있다. 군중은 소망의 메시지와 절망의 메시지를 분별할 수 있는 영적 분별력이 없다는 점이다. 그것이 군중의 속성이기도 하다.

사실 기독교 이단들이 자신들을 변호하면서 하는 말 중에는 이 군중의 논리가 상당 부분 섞여 있다. 자신들이 만약 이단이라면 어떻게 수만 명이나 되는 무리가 이렇게 모일 수 있겠느냐고 말한다. 그러나 군중이란 바로 그와 같다. 인간이 군중으로 모이면 그 거대한 군중심리 속에서 영적 분별력이 사라지고 만다.

우리나라 역사에도 이 사실을 확인시켜 주는 예가 너무도 많다. 같은 동족끼리 엎치락뒤치락 총부리를 겨누었던 6.25 전쟁 3년 동안, 군중들은 국군이 마을의 실권을 잡느냐, 인민군이 실권을 잡느냐에 따라 행동이 달라지곤 했다.

인민군이 마을을 장악할 때 가장 먼저 벌인 일은 소위 반동분자들, 부르주아들을 대거 숙청하는 일이었다. 그 마을의 유지나 부자들은 모두 반동으로 몰려 인민재판을 받고 죽임을 당했다. 단지 부자라는 이유만으로도 그들은 '죽어 마땅한 사람'으로 내몰렸다.

수많은 군중이 "저 자도 반동분자다, 저 자를 죽여야 한다"라고 말하면 아무도 이의를 달지 않았다. 평소 자신을 친자식처럼 돌봐주던 이웃집 아저씨도 그 순간에는 죽여야 할 자로 여겨졌기 때문이다.

본문에서 2백만 명이나 되는 이스라엘 백성도 이와 같은 우를 범했다. 그들은 군중 여론 속에서 무엇이 옳고 그른지를 분별하지 못했다.

그들은 불과 1년 전에 하나님의 은혜로 애굽을 탈출하고, 그분의 기적적인 은혜로 홍해를 건넌 사람들이다. 애굽에서 탈출하기 전에는 무려 열 가지 이적을 직접 체험하고 광야에서는 물과 만나와 메추라기를 먹으며 생존했던, 생생한 신앙체험의 소유자들이다.

그런 그들이 어이없게도 열 명의 정탐꾼이 말하는 절망의 메시지를 듣고는 갈렙이 부르짖은 믿음의 메시지에는 완전히 눈을 감아버린다.

잊지 말아야 할 중요한 사실이 있다. 성경은 결코 얼마나 많은 사람이 동의하고 따르는가를 진리의 기준으로 삼지 않는다. 다수결의 원리나 군중의 논리가 결코 진리일 수 없다. 진리는 오직 말씀 속에 있을 뿐, 숫자 속에 있지 않다.

열 명의 정탐꾼의 말만 믿고 삶의 방향성을 상실한 이스라엘은 군중의 원리를 따라 절망과 원망을 쏟아냈고, 이제는 구차한 결론을 내린다.

이스라엘이 애굽에서 나와 지난 1년간 광야에서 생존할 수 있었던 것은 모세나 아론의 능력이 탁월해서가 아니었다. 오직 하나님의 능력으로 그들이 살 수 있었다. 또한 하나님의 능력이 부족해서 그들을 가데스 바네아에 들어서게 하신 것도 아니었다.

그런데 그들은 이제 하나님으로부터 독립하자고 말한다. 자신들을 이끌 지휘관을 새로 세워 애굽으로 돌아가자고 한다. 애굽의 속박에서 구원해달라는 그들의 부르짖음을 듣고 애굽에서 탈출시키신 하나님의 그 엄청난 역사를 전면 부인하고 있다.

이 시대의 갈렙이 돼라

이스라엘의 이런 모습은 가데스 바네아에 이르기 전과는 극명하게 대조를 이룬다. 정탐꾼의 정탐보고를 듣기 전까지만 해도 찾아볼 수 없었던 모습이다. 이스라엘이 순식간에 변한 것 같다. 아니, 그들은 변질되고 말았다. 왜 그들은 이토록 절망의 늪에 빠진 채 하나님께 도전하는 것일까?

한 마디로 '불신' 때문이었다. 하나님께서 약속하신 땅에 대한 그분의 말씀을 믿지 않은 불신이 근본 원인이었다. 그들의 불신이 열 명의 정탐꾼의 말을 믿게 했고, 모세를 원망하고 인생을 절망하게 했다.

그런데 이것이 이 땅을 사는 모든 인생의 모습이다. 우리를 깊은 절망에 빠뜨리고 죽음에 이르게 하는 병의 근본 원인이 바로 여기 있다. 하나님을 믿지 않는 것, 즉 하나님에 대한 불신이 인간을 절망 가운데 빠뜨리는 근본 원인이다.

그런 면에서 현대인들이 앓고 있으면서 죽음에 이르도록 하는 '절망'이라는 영적인 병은 오직 하나님을 믿을 때만, 그분을 100퍼센트 신뢰할 때만 고침 받을 수 있다. 반대로 하나님을 계속해서 불신한다면 그 결과는 죽음일 수밖에 없다.

이스라엘을 향한 하나님의 선언을 보라.

> 너희 시체가 이 광야에 엎드러질 것이라 너희 중에서 이십 세 이상으로서 계수된 자 곧 나를 원망한 자 전부가 여분네의 아들 갈렙과 눈의 아들 여호수아 외에는 내가 맹세하여 너희에게 살게 하리라 한 땅에 결단코 들어가지 못하리라 민 14:29,30

하나님을 불신하며 떠난 죄에 대한 하나님의 심판은 이처럼 단호하다. 성경은 이를 분명히 말씀한다.

> 한 번 죽는 것은 사람에게 정해진 것이요 그후에는 심판이 있으리니 히 9:27

생명의 근원이요 복의 근원 되시는 하나님을 신뢰하지 않는 인생은 살았다 하나 죽은 것과 같다.

그래서 하나님을 떠난 세상에는 절망적인 메시지, 심판을 초래하는 메시지가 난무할 수밖에 없다. 유행가 가사를 보라. 영화를 보라. 하나님 없이 인간 스스로 바벨탑 쌓는 모습을 하염없이 찬양하며 고무시킨다. 거기에서 위안을 삼는 모습은 마치 "애굽으로 돌아가자!"라고 외치는 절규처럼 보일 정도이다.

어느 시대에나 갈렙은 있다. 하나님을 믿음으로 '좁은 문'으로 들어갈 것을 외치는 하나님의 사람은 언제나 어느 시대나 존재했다. 문제는 군중의 논리와 권력의 논리에 의해 절망의 메시지가 생명의 메시지를 덮어 버렸다는 데에 있다. 그럼에도 불구하고 결국 갈렙은 약속의 땅을 밟고, 생명의 약속의 유업을 받았다. 끝까지 하나님을 향한 믿음의 끈을 놓지 않았기 때문이다.

지금 이 땅은 십자가에서 소망의 메시지를 들려주신 예수님을 거부하고 있다. 그분의 음성을 듣지 않고 도리어 외면하고 있다. 그러나 누구든지 예수님을 믿고 그 믿음으로 살면 영원한 하나님나라에 이를 수 있음을 성경은 선포한다. 예수님을 끝까지 믿을 때 갈렙 같은 삶을 살고 결국 갈렙같이 비전을 성취할 수 있다.

예수께서 이르시되 내가 곧 길이요 진리요 생명이니 나로 말미암지 않고는 아버지께로 올 자가 없느니라 요 14:6

설령 이 땅에 거대한 절망의 파도가 밀려오더라도 하나님을 믿는 믿음만 있다면, 우리는 예수님의 생명력으로 끝까지 살아남을 것이다.

본문에서 갈렙의 소리는 잠깐 군중의 곡소리에 묻혀 버리는 듯했지만 결국 하나님께서 들으신 소리는 갈렙의 소리였다. 하나님은 믿음으로 사는 사람의 손을 들어주신다.

절망이 몰아치는 이 시대, 하나님께서 주목하시는 사람은 바로 그런 사람이다. 하나님은 믿음으로 사는 사람, 예수님의 십자가 생명력으로 살아가는 사람을 찾으신다. 그리고 그런 사람을 이끌어 가나안으로 들어가게 하신다.

CHAPTER

16

감정을 따르지 말고
말씀을 따르라

민수기 14장 39-45절

39 모세가 이 말로 이스라엘 모든 자손에게 알리매 백성이 크게 슬퍼하여 40 아침에 일찍이 일어나 산 꼭대기로 올라가며 이르되 보소서 우리가 여기 있나이다 우리가 여호와께서 허락하신 곳으로 올라가리니 우리가 범죄하였음이니이다 41 모세가 이르되 너희가 어찌하여 이제 여호와의 명령을 범하느냐 이 일이 형통하지 못하리라 42 여호와께서 너희 중에 계시지 아니하니 올라가지 말라 너희의 대적 앞에서 패할까 하노라 43 아말렉인과 가나안인이 너희 앞에 있으니 너희가 그 칼에 망하리라 너희가 여호와를 배반하였으니 여호와께서 너희와 함께하지 아니하시리라 하나 44 그들이 그래도 산 꼭대기로 올라갔고 여호와의 언약궤와 모세는 진영을 떠나지 아니하였더라 45 아말렉인과 산간지대에 거주하는 가나안인이 내려와 그들을 무찌르고 호르마까지 이르렀더라

인생을 운명론적으로 이해하는 사람들은 아이를 낳으면 작명가에게 이름 짓는 일부터 맡긴다. 이것은 이름이 운명을 결정짓는다는 믿음에 기인한 것으로, 태어난 아이의 사주팔자의 기운을 예지하여 음양오행의 원리에 따라 이름을 짓는다는 점에서 성경의 원리와 맞지 않는다.

그렇다고 해서 태어난 아이에게 건강과 장수, 범사가 잘 되기를 소망하는 마음을 담아 조부나 부모가 아이 이름을 지어주는 자체를 터부시한다는 뜻은 아니다. 아이에게 축복하는 마음을 담아준다는 점에서, 또한 한 번 지으면 평생 사용한다는 점에서, 아이의 이름을 잘 지어주는 일은 매우 중요하고도 아름다운 일이라 할 수 있다.

성경에 등장하는 수많은 이름도 모두 그런 부모의 소망을 담아 지어졌을 것이다. 우리에게 알려진 믿음의 영웅들 대부분은 "하나님께 영광을 돌린다"라는 뜻의 이름을 가졌는데, 실제로 그 이름대로 되는 것을 그 생애가 보여주었다.

그런 중에 성경에는 이해하기 어려운 두 이름이 나온다. 룻기에 나오는 엘리멜렉의 두 아들의 이름이다. 베들레헴에 살던 엘리멜렉의 이름은 "하나님은 왕이시다"라는 좋은 뜻을 갖고 있었다. 그런데 이상하게도 그는 아들들에게 '보잘것없는 자'(말론)와 '소멸하는 자'(기룐)라는 뜻의 이름을 지어주었다. 그리고 실제로 룻기에서 보는 대로, 이 엘리멜렉의 두 아들은 젊은 아내를 남겨 두고 모두 요절하고 말았다.

이런 특이한 이름만큼이나 이스라엘의 슬픈 역사를 담고 있는 또 다른 이름도 있다. 바로 오늘 본문과 연관되는 '이가봇'이라는 이름이다.

'이가봇'의 상태

이가봇은 '영광이 없다', 즉 '영광이 떠났다'라는 뜻으로, 사무엘상 4장에는 이 비통한 이름의 내력이 상세히 기록되었다.

이 이름을 이해하려면 우선 블레셋에 대한 이해가 필요하다. 가나안 땅에 정착한 이스라엘의 전쟁 중 많은 부분을 차지하는 게 바로 이 블레셋과의 전쟁이다.

본래 블레셋은 이스라엘이 가나안땅에 들어오기 오래전에 마게도냐 지역에서 이주한 민족으로, 일찍이 철기 문명을 받아들인 덕분에 강력한 무기로 주변국들을 압도할 수 있었다. 이스라엘이 가나안에 정착한 이후에도 그들은 가나안 남서 지역을 장악한 채 수많은 전쟁을 일으키며 이스라엘을 끝없이 위협했다.

사무엘상 4장에는 그런 블레셋과 전쟁하는 모습이 소개된다. 이 전쟁의 1차 접전 결과 이스라엘은 참패했고 4천 명가량이 블레셋에게 죽임을 당했다. 그러자 이스라엘의 장로들이 모여 다음과 같이 모의한다.

백성이 진영으로 돌아오매 이스라엘 장로들이 이르되 여호와께서 어찌하여 우리에게 오늘 블레셋 사람들 앞에 패하게 하셨는고 여호와의 언약궤를 실로에서 우리에게로 가져다가 우리 중에 있게 하여 그것으로 우리를 우리 원수들의 손에서 구원하게 하자 하니 삼상 4:3

이 모의 내용대로 그들은 '하나님의 언약궤'를 전쟁터의 한복판에 갖고 나오게 한다. 그러자 군인들은 환호성을 질렀고, 이스라엘과 대치하면서 두 번째 접전을 준비하던 블레셋 사람들은 그 소리에 깜짝 놀란다. 그리고 이스라엘 사람들이 섬기는 신이 이스라엘 진영에 들어왔다는 사실을 듣고는 두려움에 사로잡힌다. 이때 블레셋 장수들은 부하들을 독려하며 외쳤다.

너희 블레셋 사람들아 강하게 되며 대장부가 되라 너희가 히브리 사람의 종이 되기를 그들이 너희의 종이 되었던 것같이 되지 말고 대장부같이 되어 싸우라 하고 삼상 4:9

결과는 어떻게 되었을까? 어이없게도, 하나님의 언약궤 등장에 환호하던 이스라엘은 대장부가 되라고 독려하는 블레셋에게 완전히 참패하고 만다. 이스라엘 군인 3만 명이 죽고, 하나님의 언약궤마저 블레셋에게 빼앗기는 수모를 당했다.

이러한 처참한 소식은 곧 이스라엘의 대제사장 엘리와 그의 며느리인 비느하스의 아내에게도 전해졌다. 당시 이 여인은 해산이 임박한 상태에서 이와 같은 전쟁의 참패와 언약궤를 빼앗긴 소식, 그 소식을 들은 시아버지 엘리의 급사와 남편 비느하스의 전사까지 참담한 소식들을 한꺼번에 전해 들었다. 그와 동시에 아들이 태어났으니 아들을 본 이 여인의 입에서 즉시 나온 말이 바로 "너는 이가봇이다"였다.

이스라엘의 역사에는 이처럼 '하나님의 영광이 떠나는' 때, 즉 '이가봇'이라고 불릴 만한 때가 수없이 많았다. 그것은 하나님 앞에 부끄러운 역사의 흔적들을 많이 남겼다는 뜻이다.

여기서 우리는 먼저 하나님의 언약궤를 전쟁터에 갖고 나가면 승리할 줄 아는 이스라엘의 영적 우매함을 보아야 한다. 사실 21세기를 사는 그리스도인들에게도 이와 같은 부끄러운 모습이 적지 않다.

교회에 출석하는 것만으로 영적 전쟁에서 승리할 줄로 착각하는 모습만 해도 그렇다. 교회 집사나 장로라는 타이틀만으로 자기 믿음의 진실성 여부를 증명하려 하는 모습은 또 얼마나 많은가. 십자가 목걸이나 반지를 착용하는 것, 혹은 물고기 형상을 자동차에 붙이고 다니는 것으로 영적 전쟁에 효험을 보려는 사람도 주변에 적지 않다. 우리의 그런 생각, 그런 모습 자체가 사실은 우리 자신이 바로 '이가봇'임을 나타내는 명백한 증거들이다.

하나님은 성경을 통해, 그 백성들에게 '함께하심의 약속'을 너무도 많이 남기셨다. 그러나 또한 성경에는 그와 같은 약속을 신뢰하지 못하고 패망한 사람들의 모습도 수없이 남겨졌다.

이처럼 보이지 않는 하나님 말씀은 신뢰하지 못하고 보이는 언약궤만을 신뢰해서 전쟁터에 갖고 나가려고 하는 마음 상태, 그것이 바로 '이가봇 상태'라 할 수 있다.

이런 이가봇 상태가 되면 몇 가지 두드러진 특징이 나타난다. 본문은 이스라엘 백성들이 바로 그런 상태가 되었음을 보여준다. 이 모습을 통해 우리에게는 이런 증상들이 없는지 살피고, 발견하여 빨리 돌이켜야 한다. 이가봇 상태가 될 때, 싸움은 백전백패가 될 수밖에 없기 때문이다.

내가 주인 삼은 나의 감정들

애굽을 나온 이스라엘은 하나님께서 약속하신 가나안 땅 최남단 지역인 가데스 바네아에서 울고 있었다. 그 땅을 40일간 정탐한 정탐꾼들의 절망적인 보고를 듣고는 통곡하고 있었다. 그들이 약속의 땅에 들어가지도 않고 거기서 그렇게 우는 까닭은 앞의 두 장에서 이미 살펴보았다.

그들은 정탐꾼 가운데 한 명인 갈렙이 하나님의 약속을 의지해 가나안을 점령할 것을 권면했지만, 이스라엘은 그의 권면을 단호히 거절한 채 이런 모습을 보이고 있다. 결국 하나님은 이스라엘에게 진노하시며 그분을 나타내신다.

내 영광과 애굽과 광야에서 행한 내 이적을 보고서도 이같이 열 번이나 나를 시험하고 내 목소리를 청종하지 아니한 그 사람들은 내가 그들의 조상들에게 맹세한 땅을 결단코 보지 못할 것이요 또 나를 멸시하는 사람은 한 사람도 그것을 보지 못하리라 그러나 내 종 갈렙은 그 마음이 그들과 달라서 나를 온전히 따랐은즉 그가 갔던 땅으로 내가 그를 인도하여 들이리니 그의 자손이 그 땅을 차지하리라 민 14:22-24

하나님은 진노하시며, 애굽에서 나온 20세 이상 된 자들은 광야 40년 동안 모두 광야에서 죽을 것이라 하시고, 그들에게 이제 길을 돌이켜 광야로 돌아가라고 말씀하신다.

아멜렉인과 가나안인이 골짜기에 거주하나니 너희는 내일 돌이켜 홍해 길을 따라 광야로 들어갈지니라 민 14:25

하나님의 말씀이 너무도 충격적이다. 그런데 더 충격적인 건 이런 기막힌 하나님의 선고를 들은 이스라엘의 대책 없는 반응이다. 하나님께서 이렇게까지 말씀하시는데도 그들은 하나님 말씀과 함께하지 않는 '이가봇 상태'를 나타낸다. 그들에게서 나타나는 몇 가지 특징적인 모습을 보자.

첫째로, 그들은 감정에 따라 움직이고 있다.

모세가 이 말로 이스라엘 모든 자손에게 알리매 백성이 크게 슬퍼하여 민 14:39

20세 이상 된 자들은 모두 광야 40년 동안 소멸될 것이라는 하나님의 선고를 듣고 슬퍼하는 모습은 자연스러운 반응인지도 모른다. 그러나 이들의 슬픔에 담긴 영적 허약함을 볼 수 있어야 한다. 이들의 슬픔은 전날에 보였던 곡하는 모습의 연장이기 때문이다. 정탐꾼들의 보고가 있던 날 밤, 그들의 반응이 어떠했는가?

> 온 회중이 소리를 높여 부르짖으며 백성이 밤새도록 통곡하였더라 이스라엘 자손이 다 모세와 아론을 원망하며 온 회중이 그들에게 이르되 우리가 애굽땅에서 죽었거나 이 광야에서 죽었으면 좋았을 것을 민 14:1,2

하나님은 그들의 소리를 다 들으셨다. 따라서 20세 이상 된 자들이 모두 광야 40년 동안 소멸하리라는 하나님의 선포는, 어떻게 보면 "이 광야에서 죽었으면 좋았을 것을"이라고 말한 그들의 소원을 허락하신 것이라고도 할 수 있다.

여기서, 교회 안에서도 종종 "죽겠다"라고 말하는 모습을 짚어봤으면 좋겠다. 사실 너무 많은 사람이 습관처럼 "하나님, 나 죽겠습니다"라고 아무렇지도 않게 말하며 살아간다. 삶의 위기 앞에서 "하나님, 살고 싶어요. 도와주세요. 힘을 주세요"라고 기도하기보다는 '죽음'이라는 도피처를 향해 달리며 "죽겠다"라는 말을 서슴없이 하는 영적 허약함이 있다.

그러나 하나님의 백성은 결코 이렇게 생각 없이 지껄이고 행동하는 사람이 아니다. 어떤 순간에도 말씀에 따라 말하고 움직이는 사람이어야지, 자신의 감정 상태를 따라 밤새도록 울고 원망하고 곡하는 사람들이 되어선 안 된다.

이스라엘은 하나님의 나라와 영광을 위해 울고 있는 게 아니었다. 소외되고 불쌍한 이들을 위해 우는 것은 더더욱 아니었다. 자신들의 처지를 염려해 자기연민에 빠져서 울고 있다.

그렇다면 이 모습이야말로 껍데기를 붙잡고 사는 '이가봇'의 전형이라 할 수 있다. 법궤가 전쟁터에 없으면 두려워 울고, 법궤가 전쟁터에 있으면 환호하는 이가봇의 사람들. 그들은 말씀을 신뢰함으로 그 말씀의 능력으로 사는 게 아니라 눈에 보이는 상황만을 신뢰하며 상황을 따라 울고 웃었다.

당신은 어떤가? 당신의 삶을 움직이는 기준은 말씀인가, 아니면 당신의 감정인가?

하나님의 영광을 입은 하나님의 사람들은 하나님의 입으로부터 나오는 모든 말씀으로 산다. 절대로 감정의 노예가 되어 감정을 따라 움직이지 않는다.

그런 점에서 본문에 나오는 이스라엘의 슬픔은 거짓된 슬픔이었다. 그들은 애통해하는 게 아니라 자기중심적인 자기연민으로 절망하고 있었다. 이 역시 하나님 앞에 너무나 악한 것임을 기억해야 한다.

믿음은 때를 구별하는 능력이다

이스라엘 백성들의 두 번째 특징은 '하나님의 때'를 분별하지 못했다는 점이다.

아침에 일찍이 일어나 산 꼭대기로 올라가며 이르되 보소서 우리가 여기 있나이다 우리가 여호와께서 허락하신 곳으로 올라가리니 우리가 범죄하였음이니이다 민 14:40

이런 이스라엘을 보면서 어떤 생각이 드는가? 이런 태도는 부모에게 잘못된 방법으로 반항하는 자녀의 모습을 떠올리게 한다. 예를 들어 이런 것이다. 어떤 아이가 공부는 안 하고 밤낮 컴퓨터 앞에서 게임만 했다. 그럴 때 부모라면 아이를 야단치지 않을 수 없다. 그런데 이 아이가 부모의 진심은 외면한 채 부모에게 야단맞았다는 것과 컴퓨터 게임을 못 하게 되었다는 사실에만 주목해서 부모에게 단단히 화가 났다면 이후 어떻게 행동할까?

자기 방에 들어가 종일 책상 앞에 앉아만 있는 것으로 그 감정을 표현할지도 모른다. 그렇다고 제대로 공부하는 것도 아니다. 부모가 밥 먹으라고 해도 꼼짝하지 않고 책상 앞에 앉아 있는 것으로 부모를 향한 반항심을 표출하는 것이다. 그럴 때 부모에게 그 아이의 행동이 예뻐 보이겠는가, 아니면 컴퓨터 게임을 할 때보다 더 악하고 미워 보이겠는가?

하나님의 백성 이스라엘은 바로 그런 오기로 왜곡된 행동을 했다. 더군다나 그들은 아침 일찍부터 일어나 행동에 들어갔다. 너무도 악한 행동이다. 하나님은 광야 길로 돌이키라고만 말씀하셨다. 그런데 그들은 이제야 가나안으로 올라가겠다며 보란 듯이 아침 일찍 일어나 산 꼭대기로 향했다. 저들의 오기를 짐작하게 하는 대목이다.

… 보소서 우리가 여기 있나이다 우리가 여호와께서 허락하신 곳으로 올라
가리니 우리가 범죄하였음이니이다 민 14:40

이들의 태도는 밥때를 거르면서까지 책상 앞에 앉아 시위하는 뿔난
아이의 모습과 닮았다. 그들은 자신들이 범죄했다면서 "여호와께서 허
락하신 곳으로 올라가겠다"라고 한다. 그러나 그 말이 얼마나 어불성
설인지 정말 몰랐을까?

하나님은 모세를 통해 그분의 뜻을 분명히 말씀하셨다. 그들이 가
나안에 입성하는 것을 허락하지 않겠다고 하셨다. 20세 이상 된 자 중
에 갈렙과 여호수아 외에는 아무도 가나안 땅에 이를 수 없다고까지
하셨다.

이제 그들에게 허락하신 곳은 가나안이 아니라 광야였다. 물론 한
때는, 아니 얼마 전까지는 가나안이 그들에게 허락된 축복의 땅이었지
만 이제는 아니다. 지금은 하나님께서 허락하신 때가 아니다. 그들이
가나안으로 들어가려면 40년이 지나야만 했다. 그런데도 그들은 "우
리가 범죄하였음이니이다"라는 회개의 탈을 쓴 채 막무가내로 산을 향
해 진격한다.

그러나 이것은 회개가 아니다. 그들이 정말 마음을 찢어 회개했다면
감히 하나님 앞에서 "우리가 여호와께서 허락하신 곳으로 올라가리니"
라는 말을 할 수 없었을 것이다. 하나님의 입에서 나온 말씀을 어떻게
그들 자의로 바꿀 수 있단 말인가. 그들이 이렇게 말했다는 것이야말
로 하나님을 향해 끝까지 저항하고 도전하고 있다는 뜻이다. "누가 뭐

래요? 잘못했다니까요!"라며 오기 부리는 우리의 자화상이 본문의 이스라엘 위로 겹쳐 보인다.

믿음은 우리 삶에서 하나님의 정한 때를 보게 하는 능력이다. 말씀하신 때를 놓치고 난 뒤에야 "아, 알았어요. 하면 되잖아요"라고 혈기부리는 것은 믿음이 아니다. 그것이야말로 이가봇의 모습이요 이가봇의 특징이다. 마음속 진실은 외면하고 겉껍데기만 하나님께 드리는 척하는 거짓된 모습에서 하루속히 돌이켜야 한다.

순종하되 끝까지 순종하라

이스라엘 백성들의 세 번째 특징은 하나님 말씀에 순종하지 않았다는 점이다.

모세가 이르되 너희가 어찌하여 이제 여호와의 명령을 범하느냐 이 일이 형통하지 못하리라 민 14:41

하나님은 이스라엘을 향해 가나안에 올라가지 말고 광야로 돌이키라고 말씀하셨다. 이는 이스라엘의 불신에 대한 진노의 심판이었다. 하나님께서 그렇게 말씀하셨다면 이스라엘은 그렇게 돌이켜야 한다. 그것이 순종이다. 그런데 그들은 그 말씀에도 끝까지 따르지 않았다.

이어지는 모세의 만류는 그에 대한 안타까움과 분노의 표현이다. 이 말씀에는 이스라엘이 귀담아들어야 할 중요한 메시지가 들어있다.

여호와께서 너희 중에 계시지 아니하니 올라가지 말라 너희의 대적 앞에서
패할까 하노라 아말렉인과 가나안인이 너희 앞에 있으니 너희가 그 칼에
망하리라 너희가 여호와를 배반하였으니 여호와께서 너희와 함께하지 아
니하시리라 하나 그들이 그래도 산꼭대기로 올라갔고 여호와의 언약궤와
모세는 진영을 떠나지 아니하였더라 민 14:42-44

"여호와께서 너희 중에 계시지 아니하니 … 너희가 여호와를 배반하
였으니 여호와께서 너희와 함께하지 아니하시리라"라는 모세의 말은
한마디로 백성들이 '이가봇의 상태'가 되었음을 의미한다. 이제 너희는
이가봇이 되었으니 가나안에 올라가면 패한다는 경고였다.

그럼에도 이스라엘은 끝까지 하나님의 말씀을 듣지 않았고 결국
45절의 말씀이 그들에게 임하고 말았다.

아말렉인과 산간지대에 거주하는 가나안인이 내려와 그들을 무찌르고 호
르마까지 이르렀더라 민 14:45

성경은 이때 몇 명이 죽임을 당했는지 기록하지 않았다. 훗날 이스
라엘이 가나안을 정복하던 아이성 전투에서 36명이 죽임당했다는 사
항까지 상세히 기록한 것을 볼 때, 본문에서 숫자를 기록하지 않은 것
은 특이한 점이다. 몇천 명인지 몇만 명인지에는 침묵한 채 그저 패했
다고만 기록한 것이 이상하다. 왜 성경은 이렇게 기록했을까?

민수기 14장 45절 이후 20장 1절에 이르기까지 이스라엘의 광야

40년의 역사는 침묵으로 일관되어 있다. 이는 곧, 하나님께서 이스라엘 백성을 주목하지 않으셨다는 의미이다. 그 기간의 이스라엘 역사는 '이가봇'의 역사였기 때문이다.

이를 통해, 하나님의 백성은 하나님과 함께할 때에만 승리할 수 있으며, 그분이 함께하지 않으시면 철저히 패배할 수밖에 없다는 것을 확인한다. 우리는 하나님께서 함께해주지 않으시면 이가봇의 자화상을 남길 수밖에 없는 사람들이다.

우리가 하나님과 함께하려면 어떻게 해야 할까? 가장 중요한 것이 바로 말씀에 대한 순종이다. 하나님을 믿고 따르는 사람들이라면 하나님 말씀을 100퍼센트 신뢰하고 그 말씀에 순종하는 인생이 되어야 한다. 말씀에 대한 불순종은 하나님을 만홀히 여긴다는 뜻이지만, 말씀에 대한 순종은 그분을 주인 삼고 있다는 증거이기 때문이다.

비록 죄의 결과로 인한 심판을 받는 순간에도 돌이켜 회개하고 그분의 말씀대로 행하는 사람이 된다면 하나님은 우리를 향해 긍휼의 손을 펴주실 것이다.

그러므로 모든 순간에 그분의 말씀을 믿고 그 말씀에 순종해야 하며, 어떠한 순간에도 하나님을 향해 시위해서는 안 된다. 그러면 우리는 하나님의 영광을 보게 될 것이며, 우리의 이름이 하나님의 영광을 나타내는 이름이 될 것이다.

PART 5

하나님을
보여주시는

광야에서

CHAPTER
17

나는 너희의
하나님이다

민수기 15장 1-16, 41절

1 여호와께서 모세에게 말씀하여 이르시되 2 이스라엘 자손에게 말하여 그들에게 이르라 너희는 내가 주어 살게 할 땅에 들어가서 3 여호와께 화제나 번제나 서원을 갚는 제사나 낙헌제나 정한 절기제에 소나 양을 여호와께 향기롭게 드릴 때에 4 그러한 헌물을 드리는 자는 고운 가루 십분의 일에 기름 사분의 일 힌을 섞어 여호와께 소제로 드릴 것이며 5 번제나 다른 제사로 드리는 제물이 어린 양이면 전제로 포도주 사분의 일 힌을 준비할 것이요 6 숫양이면 소제로 고운 가루 십분의 이에 기름 삼분의 일 힌을 섞어 준비하고 7 전제로 포도주 삼분의 일 힌을 드려 여호와 앞에 향기롭게 할 것이요 8 번제로나 서원을 갚는 제사로나 화목제로 수송아지를 예비하여 여호와께 드릴 때에는 9 소제로 고운 가루 십분의 삼 에바에 기름 반 힌을 섞어 그 수송아지와 함께 드리고 10 전제로 포도주 반 힌을 드려 여호와 앞에 향기로운 화제를 삼을지니라 11 수송아지나 숫양이나 어린 숫양이나 어린 염소에는 그 마리 수마다 위와 같이 행하되 12 너희가 준비하는 수효를 따라 각기 수효에 맞게 하라 13 누구든지 본토 소생이 여호와께 향기로운 화제를 드릴 때에는 이 법대로 할 것이요 14 너희 중에 거류하는 타국인이나 너희 중에 대대로 있는 자나 누구든지 여호와께 향기로운 화제를 드릴 때에는 너희가 하는 대로 그도 그리할 것이라 15 회중 곧 너희에게나 거류하는 타국인에게나 같은 율례이니 너희의 대대로 영원한 율례라 너희가 어떠한 대로 타국인도 여호와 앞에 그러하리라 16 너희에게나 너희 중에 거류하는 타국인에게나 같은 법도, 같은 규례이니라 … 41 나는 여호와 너희 하나님이라 나는 너희의 하나님이 되려고 너희를 애굽 땅에서 인도해내었느니라 나는 여호와 너희의 하나님이니라

오래전 어느 해에 비가 참 많이 내렸다. 여름에는 하루가 멀다 하고 비가 왔고, 장마철이 아닌 때에도 며칠씩 비가 쏟아졌다. 그러나 누구도 비가 쏟아진다고 제2의 노아 홍수 같은 하나님의 심판을 두려워하지는 않았다. 왜냐하면 우리는 모두, 다시는 홍수로 이 세상을 심판하지 않겠다고 하신 하나님의 약속(창 9:11)을 믿기 때문이다.

만약 하나님의 그러한 약속이 없었다면 홍수 심판 이후의 인류 역사가 과연 정상적으로 흘러갔을지 의문이 든다. 무엇보다 노아와 그의 아들들이 홍수에 대한 두려움에 사로잡혀 정상적인 생활을 하기 어려워지고, 이후 인류의 번성으로까지 나아가지 못했을지도 모른다.

더 구체적으로, 우선 농사짓기가 힘들었을 것이다. 농사와 비는 불가분의 관계 아니겠는가. 하늘에서 비가 조금만 쏟아지는 것 같아도 그들은 농사짓다 말고 미리 준비한 방주로 미친 듯이 달려갔을지도 모른다. 그렇게 되면 인류의 역사는 방주를 향해 줄달음치는 일의 반복이 되었을 것이다.

그들은 비로 인해 '인류 대참사'라는 엄청난 고통을 직접 보고 겪었기에, 하나님의 약속 없이는 비에 대한 상상 이상의 공포심에서 벗어나지 못했을 것이다.

하나님은 이를 아시고, 거의 1년 만에 방주 문을 열고 땅에 발을 딛고 선 노아와 아들들에게 하늘의 무지개를 징표 삼아 "다시는 물로 이 세상을 심판하지 않겠다"라고 약속해주셨다. 그 덕분에 노아와 자손들은 하늘의 무지개를 볼 때마다 단순히 아름답다는 탄성을 넘어, 하나님의 언약을 확인하며 경외심과 감사함에 사로잡혀 살아갔을 것이다.

사람은 '하나님의 약속'과 '은혜' 없이는, 경험한 일들에 대한 두려움에서 벗어나기 힘든 존재이다. 한 예로 교통사고를 심하게 겪은 사람은 사고 이후 다시 차 타는 일을 어려워한다. 1995년에 '대구 지하철 가스폭발 사건'을 경험한 사람들이 다시 지하철을 타지 못하고 방에서 나오지 않으려 하며 자폐적 증상을 보이는 것도 그날의 공포에서 벗어나지 못하기 때문이다.

그래서 우리는 모두 자신의 아픔과 상처를 하나님 안에서 치유 받아야 한다. 어떤 이유에서든 아픔과 상처를 갖고 있으면 자기도 모르게 두려움의 지배를 받아 건강한 그리스도인으로 살아갈 수 없다. 아픔이 크고 상처가 깊을수록 하나님의 은혜 안에 들어가 반드시 치유 받아야 하는 이유이다.

하나님은 우리의 아버지이시고 우리를 만드신 분이라 우리의 이 같은 속성을 매우 잘 아신다. 그래서 상처받은 이들이 그분 앞으로 나아올 때마다 반드시 따스한 손길을 내밀어 치유해주신다. 본문은 바로 그 같은 사실을 보여준다.

두려운 마음에 주시는 소망의 약속

아말렉인과 산간지대에 거주하는 가나안인이 내려와 그들을 무찌르고 호르마까지 이르렀더라 민 14:45

앞장에서 이 45절 말씀을 결론처럼 봤다. 이스라엘 백성 중 몇 명이 죽임을 당했는지는 알 수 없지만, 모세의 만류를 무시하고 "우리가 여호와께서 허락하신 곳으로 올라가리니 우리가 범죄하였음이라"라며 산지에 올랐다가 치도곤을 당하고는 남은 이스라엘 백성이 광야 길로 돌이켜 행진하는 모습을 그려볼 수는 있다.

그 행렬의 표정이 어떠했을까? 아마도 뼈를 깎는 후회로 가득했을 것이다. 며칠 전 정탐꾼들의 보고를 듣고 다 같이 하나님을 원망했던 일들을 떠올릴 때마다 가슴을 쳤을지도 모른다.

그러나 그렇게 한없이 자책해봐도 이미 때는 늦었다. 광야로 돌이켜 행진하는 그들의 발걸음에 힘이 있을 리 없다. 약속의 땅은 점점 멀어져갔고, 가슴속에서는 소망의 빛이 사라져갔다. 동시에 두려움은 점점 커졌다.

'이대로 광야에서 몰살당하는 건 아닐까? 과연 하나님께서 40년 뒤에 약속의 땅에 이르게 하실까?'

상처를 안고 광야 길로 돌아선 이스라엘 백성에게 가장 힘든 것은 바로 그 부분이었다. '하나님께서 우리를 아주 버리신 것이 아닐까'라는 두려움.

하나님이 싫다며 가데스 바네아에서 밤새도록 통곡하던 그들에게 찾아온 가장 큰 두려움이 '하나님께 영원히 버림받음'이었다는 것은 참으로 아이러니가 아닐 수 없다.

그럼에도 그들이 그런 두려움을 느낀 것은 어쩌면 당연했다. 그동안 하나님 앞에 보였던 이들의 행동과 가나안인들에게 당한 심각한 패배 상황을 보면 낭패감과 두려움에 휩싸일 수밖에 없었을 것이다. 그런 이스라엘을 향해 하나님께서 어떤 태도를 취하시는가에 주목할 필요가 있다.

민수기 15장은 언뜻 보면 그 내용이 바로 앞 장에서 이스라엘이 낭패를 당한 것과 별로 연결되지 않는 것으로 보인다. 1-16절은 각종 제사, 17-21절은 가나안에서 거둘 양식의 첫 제사, 22-31절은 부지중에 범죄한 자가 드려야 할 속죄 제사에 관해 언급하고 있기 때문이다.

이런 말씀을 읽으며 자칫 지루하다는 생각만 들 수도 있는데 사실 이 말씀이야말로 하나님의 사랑과 긍휼과 치유하시는 손길을 나타낸다. 두려움에 사로잡힌 채 광야로 들어선 이스라엘을 다시 회복시키는 생명의 복음이 드러나고 있기 때문이다.

결코 우리를 저버리지 않으시는 하나님

이를 확인하기 위해 그들이 가나안인들에게 패하기 전, 하나님께서 모세를 통해 이스라엘 자손에게 주셨던 언약의 말씀을 기억해보자.

하나님께서 이미 20세 이상 된 자, 곧 계수함을 받은 자는 광야 생활 40년 동안 모두 죽을 것이라고 말씀하셨을 때 이스라엘은 '우리가 광야에서 죽고 나면 후손들은 어떻게 될까?'라는 근심부터 했을 것이다. 어느 시대이든 일찍 세상을 뜨는 사람의 가장 큰 고통은 남겨질 자녀들에 대한 걱정이다. 하나님은 이를 아시고 이러한 약속을 그들에게 들려주셨다.

> 너희가 사로잡히겠다고 말하던 너희의 유아들은 내가 인도하여 들이리니 그들은 너희가 싫어하던 땅을 보려니와 민 14:31

이 말씀은 이스라엘 백성들이 이미 들어서 잘 알고 있었을 테지만 그렇지 않을 가능성도 크다. 우선, 그들이 불순종한 원인은 하나님에 대한 불신이었는데 그 때문에 이미 하나님의 언약 말씀을 잊어버렸을 것으로 추측해볼 수 있다.

이미 출애굽할 때 "내가 너희에게 열방을 주리라"라는 하나님의 약속을 받고도 그것을 잊고 열 명의 정탐꾼들의 말만을 믿은 그들이 아닌가. 여호와 하나님에 대한 그들의 뿌리 깊은 불신이 그분의 말씀마저 잊어버리는 결과를 초래했다. 그래서 그들의 마음 안에는 여전히 하나님을 향한 불신이 남아 있었을 가능성이 크다.

거기에 더해 인간이 큰 충격을 받으면 억지로라도 옛일을 잊어버리고 싶어 하는 속성이 있다는 점, 크나큰 충격이 상처가 되어 두려움이라는 감정에 압도된다는 점까지 감안하면, 이스라엘이 약속의 말씀을 기억해 내거나 믿음으로 붙잡고 있을 가능성은 거의 없었을 것이다. 아마도 갈렙과 여호수아만이 하나님의 그 말씀을 기억하고 있었으리라.

하나님은 이스라엘의 이런 형편은 물론, 그들이 상처와 두려움에 갇힐 것까지 다 아셨기에 이런 말씀을 주신다.

이스라엘 자손에게 말하여 그들에게 이르라 너희는 내가 주어 살게 할 땅에 들어가서 여호와께 화제나 번제나 서원을 갚는 제사나 낙헌제나 정한 절기제에 소나 양을 여호와께 향기롭게 드릴 때에 민 15:2,3

이 말씀이 이스라엘에는 복음 중의 복음이었다. 우선 이 말씀은 광야 40년이 끝나면 반드시 이스라엘이 약속의 땅 가나안에 들어간다는 것을 확인시켜주기 때문이다.

또한 하나님은 그곳에서 그분께 제사드릴 것을 말씀하신다. 이스라엘에게 제사란 무엇인가? 하나님과 그 백성인 이스라엘의 만남이다. 죄인 된 이스라엘, 불순종의 자식인 이스라엘이 거룩하신 하나님 앞에 설 수 있도록 하신 것이 제사였다. 하나님은 소망의 빛이 꺼진 채 광야로 들어서는 이스라엘에 이 제사의식을 상기시켜 주셨다.

그것은 곧 하나님께서 그들을 아주 버리지는 않으셨다는 뜻이었다. 하나님과 그분의 백성 이스라엘의 관계가 아주 단절된 게 결단코 아님을 그분은 이 말씀으로 웅변해 주셨다.

이렇듯 하나님의 백성들을 향한 그분의 긍휼하심과 사랑에는 끝이 없다. 이후 이스라엘의 역사에서 이스라엘이 하나님 앞에 수없이 죄를 지을 때도 하나님은 그들을 향한 사랑의 관계라는 끈을 결코 놓지 않으셨다. 하나님의 본성 자체가 그러하다.

그래서 하나님의 사람들은 그분을 향해 이런 노래도 불렀다. 예레미야 선지자의 고백을 보라.

여호와의 인자와 긍휼이 무궁하시므로 우리가 진멸되지 아니함이니이다 이것들이 아침마다 새로우니 주의 성실하심이 크시도소이다 애 3:22,23

백성들이 비록 불순종했어도, 하나님은 그들을 사랑하시며 버리지 않으셨음을 계속해서 말씀해주셨다. 비록 실패하고 낭패를 당했을지언정 그들은 하나님께 버림받지 않았음을 알려주고 싶어 하셨다.

그러므로 하나님의 백성이라면 어떠한 고난과 아픔에 처한다 해도 그 사랑을 믿고 회복의 소망을 포기하지 말아야 한다. 예레미야 선지자처럼 하나님을 노래하며 일어서야 한다.

"이것이 아침마다 새롭습니다. 주의 성실하심을 볼 수 있습니다."

믿으면 영광을 보리라

이어지는 17-21절에서 하나님은 광야 길로 들어서는 이스라엘에 재차 위로의 말씀을 건네신다.

이스라엘 자손에게 말하여 이르라 너희는 내가 인도하는 땅에 들어가거든 그 땅의 양식을 먹을 때에 여호와께 거제를 드리되 민 15:18,19

'하나님께서 과연 우리를 진멸하지 않고 가나안으로 이끄실 것인가?'에 대해 회의적이던 이스라엘에게 이 말씀은 최고의 메시지였다. 이스라엘은 아마도 "너희는 내가 인도하는 땅에 들어가거든"이라는 표현에서 귀가 번쩍 뜨였을 것이다.

또한 "그 땅의 양식을 먹을 때에"라는 표현에서 그 땅의 양식을 반드시 먹게 될 거라는 암시도 강하게 받았을 것이다. 그렇다. 하나님의 말씀대로라면 이스라엘은 그곳에서 농사를 지으며 살게 된다. 이는 곧 이스라엘이 그 땅의 주인이 된다는 언약이다!

주의 약속은 결코 더디지 않다. 하나님은 더디게 행하는 분이 아니라 그분이 정하신 때에, 가장 신속하게 행하시는 분이다. 보라. 그분은 광야 길로 들어서는 이스라엘에게 "그 땅의 양식을 먹을 때"를 말씀하시지 않는가. 하나님 외에 누가 이와 같은 때에 그와 같은 비전을 보여줄 수 있을까? 하나님은 그분 안에 길이 있고 소망과 비전이 있음을 이처럼 보여주셨다.

이 약속은 어깨를 늘어뜨린 채 터벅터벅 걷고 있는 이스라엘에만 주어진 복음이 아니다. 바로 우리를 향한 복음이요 그분의 위로하심이다. "그 땅의 양식을 먹을 때에"라는 표현을 통해, 하나님 앞에 양식을 높이 들어 영광을 올려드리는 그날이 반드시 온다는 것을 우리에게도 약속하신다.

당신은 이런 하나님을 믿는가? 믿으면 하나님의 영광을 볼 것이다. 하나님은 하나님을 믿고 따르는 그분의 백성을 절대로 버리지 않는 분이시기 때문이다.

갑자기 제사를 말씀하신 이유

계속되는 하나님의 세 번째 위로하심을 보자.

본문 22-31절은 하나님 앞에 부지중에 범죄하는 것, 24-26절은 회중의 범죄, 27-29절은 개인의 범죄에 대해 다룬다.

이스라엘은 가데스 바네아에서 하나님 앞에 심각한 범죄를 저질러, 광야 40년 동안 모두 죽게 될 것을 선고받았다. 그렇다면 그들은 광야 생활 40년 동안, 그리고 가나안으로 들어간 후에 다시 죄짓지 않을 가능성이 얼마나 될까?

이에 대한 답은 우리 자신을 돌아보면 명확하게 알 수 있다. 다시 죄를 짓지 않을 가능성은 단언컨대 0퍼센트이다. 따라서 이 말씀도 이스라엘뿐 아니라 우리를 향하신 하나님의 말씀으로 받아야 한다.

> 너희가 그릇 범죄하여 여호와가 모세에게 말씀하신 이 모든 명령을 지키지 못하되 곧 여호와께서 모세를 통하여 너희에게 명령한 모든 것을 여호와께서 명령한 날 이후부터 너희 대대에 지키지 못하여 민 15:22,23

이것이 인생의 한계이다. "기록된 바 의인은 없나니 하나도 없으며"(롬 3:10)라는 말씀이 사실이다. 가데스 바네아의 범죄로 하나님의 진노를 샀다면 다시는 죄짓지 말아야 하지만, 인간인 이상 그렇게 되지 않았다. 그래서 인간은 결국 하나님의 심판 아래 놓이게 되어 있다.

이것이 범죄한 이스라엘을 포함한 이 땅 모든 인생의 최대 딜레마이다. "이렇게 죄를 벗어날 수 없는 인간이 어떻게 거룩하신 하나님 앞에 설 수 있는가?", "결코 완전하지 않은 인생이 어떻게 하나님의 긍휼하심을 계속 바랄 수 있는가?" 이는 정말 우리가 풀 수 없는 최고의 난제 중의 난제이다.

그런데 성경은 이에 답을 해준다. 이렇게 한계가 명확한 인간이지만 하나님의 긍휼하심을 바랄 수 있는 근거를 24절 이하 말씀인 '속죄제' 를 통해 마련해준다. 광야로 들어서는 이스라엘에게 하나님께서 느닷 없이 제사에 관해 말씀하신 이유가 이것이다.

어느 때보다 상처가 깊어진 이스라엘의 고통을 싸매주시려는 하나님의 최고의 메시지가 바로 제사였다. 하나님 앞에 지은 그들의 죄를 용서받을 수 있는 길을 열어 놓으셨음을, 속죄의 문이 닫히지 않았음을 제사 규례를 통해 알려주신다.

그리고 우리는 예수님의 십자가에서 이와 같은 하나님의 속죄의 은혜를 경험한다. 예수님의 십자가 구속의 은혜로 우리는 오늘도 변함없이 모든 죄가 말갛게 씻기는 은혜를 경험하며 살 수 있는 것이다.

이와 함께 본문 30, 31절 말씀에서 경고하는 한 가지 사실만은 엄중히 주의해야 한다. 고의로 하나님 말씀을 믿지 않고 하나님을 향해 삿대질하는 것은 여호와를 훼방하고 성령을 훼방하는 일이므로 용서의 길을 스스로 거부하는 것과 같다는 것이다. 이렇게 되면 그 사람은 결국 예수님의 십자가 구속의 은혜를 스스로 거부함으로써 심판과 죽음을 피할 수가 없다.

그런 사람은 여호와의 말씀을 멸시하고 그의 명령을 파괴하였은즉 그의

죄악이 자기에게로 돌아가서 온전히 끊어지리라 민 15:31

이 말씀은 무서운 경고이다. 그러나 동시에, 우리가 비록 이스라엘처럼 수없이 많은 죄를 지었다 해도 하나님의 백성임을 부인하지 않고 예수님의 십자가를 붙든다면, 하나님의 끝없는 긍휼과 사랑을 받을 수 있다고 알려주기도 한다.

하나님은 그런 분이시다. 우리를 향해 긍휼과 사랑을 끊을 수 없는 분. 그분이 바로 우리 하나님이시다. 그래서 바울은 이렇게 고백했다.

그러나 이 모든 일에 우리를 사랑하시는 이로 말미암아 우리가 넉넉히 이기느니라 내가 확신하노니 사망이나 생명이나 천사들이나 권세자들이나 현재 일이나 장래 일이나 능력이나 높음이나 깊음이나 다른 어떤 피조물이라도 우리를 우리 주 그리스도 예수 안에 있는 하나님의 사랑에서 끊을 수 없으리라 롬 8:37-39

결국 하나님께서 본문을 통해 그의 백성 이스라엘에게 결론처럼 하고 싶으셨던 말씀이 무엇이었을까? 그 답이 본문 구절에 나와 있다. 이스라엘을 향한, 그리고 우리를 향한 하나님의 사랑 고백이다.

나는 여호와 너희 하나님이라 나는 너희의 하나님이 되려고 너희를 애굽 땅에서 인도해 내었느니라 나는 여호와 너희의 하나님이니라 민 15:41

CHAPTER

18

나는 막아설 자를 찾는 하나님이다

민수기 16장 41-50절

41 이튿날 이스라엘 자손의 온 회중이 모세와 아론을 원망하여 이르되 너희가 여호와의 백성을 죽였도다 하고 42 회중이 모여 모세와 아론을 칠 때에 회막을 바라본즉 구름이 회막을 덮었고 여호와의 영광이 나타났더라 43 모세와 아론이 회막 앞에 이르매 44 여호와께서 모세에게 말씀하여 이르시되 45 너희는 이 회중에게서 떠나라 내가 순식간에 그들을 멸하려 하노라 하시매 그 두 사람이 엎드리니라 46 이에 모세가 아론에게 이르되 너는 향로를 가져다가 제단의 불을 그것에 담고 그 위에 향을 피워 가지고 급히 회중에 게로 가서 그들을 위하여 속죄하라 여호와께서 진노하셨으므로 염병이 시작되었음이니라 47 아론이 모세의 명령을 따라 향로를 가지고 회중에게로 달려간즉 백성 중에 염병이 시작되었는지라 이에 백성을 위하여 속죄하고 48 죽은 자와 산 자 사이에 섰을 때에 염병이 그치니라 49 고라의 일로 죽은 자 외에 염병에 죽은 자가 만 사천칠백 명이었더라 50 염병이 그치매 아론이 회막 문 모세에게로 돌아오니라

오래전, 청소년보호위원회의 유해 심의 기준에서 '동성애'를 삭제했다는 소식에 한국 교계가 성명을 발표하며 반대 의사를 밝힌 적이 있었다. 유해한 것으로부터 청소년들을 보호하기 위해 설립된 기관에서 이런 입장을 표하는 것은 우리 사회의 도덕관이 얼마나 심각해졌는지 단적으로 보여준다.

　　현대사회에는 동성애뿐 아니라 마약, 자살, 성매매 등과 같은 세기말적 현상이 우후죽순처럼 번져가고 있다. 사회학자나 심리학자들은 여러 학문적 분석을 통해 이런 일들이 일어나는 원인을 찾아보려 하지만, 원인은 물론 근본적 대안을 찾지 못하는 실정이다. 그러나 성경은 명확한 원인을 제시한다.

　　묵시가 없으면 백성이 방자히 행하거니와 율법을 지키는 자는 복이 있느니라 잠 29:18

　　이 시대를 향한 성경적 진단은 이 세대가 묵시를 갖지 못했다는 것이다. 묵시, 즉 계시와 비전이 없으면 인간은 정체성을 상실해 때로 짐승처럼 동물적 본능에 의지해 살아간다. 또한 목표를 상실해서 자살이나 마약 등에 자신을 방치하기도 한다. 영적 권위에 순복하지 않고 거역하는 불순종의 모습도 두드러지며, 부모와 윗사람에 대한 반항과 저항을 표출하기도 한다.

이런 현상은 현대사회의 특징만은 아니다. 어느 시대를 막론하고 묵시가 없으면 이런 방자함의 모습이 나타난다. 본문 말씀 역시 광야 이스라엘 백성 안에 이런 부끄러움이 적나라하게 나타났음을 보여준다.

이튿날 이스라엘 자손의 온 회중이 모세와 아론을 원망하여 이르되 너희가 하나님의 백성을 죽였도다 하고 민 16:41

이스라엘 백성들이 모세와 아론을 원망한 일은 한두 번이 아니었지만, "너희가 하나님의 백성을 죽였도다"라는 저들의 원망이 심상치가 않다. 뭔가 이스라엘 공동체 안에 심각한 일이 있었음을 짐작할 수 있다. 이를 이해하기 위해 바로 전날과 그 전전날에 무슨 일이 있었는지 살펴보자.

묵시 없는 방자함으로 일으킨 반란

민수기 16장 1-3절에서, 레위 지파 중 고핫 자손에 속한 고라라는 주동자와 함께 250명의 유명한 족장들이 당을 지어 모세와 아론의 영적 권위에 도전한다.

고핫 자손은 '제사장들에게 주어진 하나님의 것'으로서 하나님의 성막에서 성물과 성구를 운반하는 고귀한 직분을 맡은 자들이었다. 반란의 주동자였던 고라도 이 사실을 몰랐을 리 없는데 아론과 모세에 대해 반란의 참변을 일으켰다.

하나님께서 모세와 아론을 선지자와 제사장으로 택하여 부르시고 레위 지파는 제사장들을 섬기는 자들로 세우셨는데, 레위 지파인 고라는 아론의 제사장 직분을 구하고 있다. "묵시가 없으면 백성이 방자히 행하거니와 율법을 지키는 자는 복이 있느니라"(잠 29:18)라는 말씀대로, 고라 일당은 지금 묵시가 없어 방자히 행하고 있다.

본래 그들이 붙잡고 놓치지 말아야 할 묵시가 무엇인가? 하나님께서 그들의 조상 아브라함에게 주셨던, '가나안에 대한 하나님의 약속'이었다. 하나님은 이 묵시 때문에 모세를 부르시고 아론을 세우셨으며 애굽에서 이스라엘을 해방시키셨다.

이스라엘은 가데스 바네아에서 하나님의 묵시를 따라 믿음으로 가나안을 향해 올라가야 했지만, 하나님을 불신함으로 그 묵시를 버렸고 삶의 향방도 상실하고 말았다. 그러자 그들에게 방자함이 나타나, 자신의 본분을 망각하고 분수에 지나친 행동을 시작하더니 결국 하나님께서 지도자로 세우신 모세와 아론을 향해 반란을 시도한다.

이에 하나님께서 모세와 아론에게 이렇게 말씀하셨다.

> 너희는 이 회중에게서 떠나라 내가 순식간에 그들을 멸하려 하노라
> 민 16:21

고라의 범죄는 온 이스라엘 회중의 범죄로 번져 하나님의 진노를 샀다. 그러자 하나님은 그 회중을 멸하겠다고 하셨고, 하나님의 진노 앞에 모세와 아론은 즉시 엎드려 아뢴다.

> 그 두 사람이 엎드려 이르되 하나님이여 모든 육체의 생명의 하나님이여 한 사람이 범죄하였거늘 온 회중에게 진노하시나이까 민 16:22

모세와 아론의 이 기도는 하나님의 마음을 돌이켰다. 하나님은 회중을 다 멸하려는 마음을 거두시고 반란의 주동자인 고라와 다단, 아비람의 장막과 회중을 분리시키시고는 '땅이 입을 열어' 이 세 명과 가족, 모든 물건을 삼키게 하셨다. 또한 고라를 추종했던 유명한 족장 280명도 불태워 죽이셨다.

그러자 고라의 반란에 휩쓸렸던 회중은 깜짝 놀라 도망치기 바빴다. 그들의 방자함은 다시 그들을 두려움 속에 들어가 살게 했다.

그런데 41절에 나타난 그 이튿날의 사건은 너무도 이상하다. 하나님께서 고라와 그 추종자들을 삼키신 것을 본 이스라엘이 어떻게 이런 행동을 하는지 불가사의할 정도이다.

모세와 아론을 대적한 고라의 최후를 본 이스라엘 회중은 모세와 아
론에게 용서를 구하거나 하나님께 회개하는 게 아니라 오히려 모세와
아론을 원망하며 그들을 살인자로 몰고 있다. 그런 방자한 태도는 그
들에게 묵시가 없다는 것을 극명하게 보여준다. 그들의 영적 분별력이
제로(0) 상태라는 말이다.

지금도 이런 모습을 자주 본다. 묵시가 없는 세상이 교회와 예수님
을 향해 무차별적으로 공격을 퍼부을 때가 얼마나 많은가. 각종 온라
인 사이트에서 오가는 안티크리스천들의 발언을 보면 가히 폭력을 넘
어 살인적이기까지 하다.

하나님의 진노를 막아서는 엎드림

그들의 방자함에 하나님께서 개입하신다. 그들을 판정하시려고 공
의로운 재판장으로 임하신 것이다. 이처럼 하나님께서 우리와 함께하
려고 임하실 때는, 말씀에 순종해서 묵시를 따라 살던 사람에게는 축

복이 임하지만, 말씀에 불순종하며 방자히 살던 사람에게는 저주와 진노가 임한다.

하나님께서 21절에서 고라 일당에게 내리신 진노의 말씀이 45절에서 재차 천명되고, 그 진노는 염병으로 나타났다.

> 너희는 이 회중에게서 떠나라 내가 순식간에 그들을 멸하려 하노라 하시매 그 두 사람이 엎드리니라 … 여호와께서 진노하셨으므로 염병이 시작되었음이니라 민 16:45,46

이 염병은 무서운 속도로 번져 이스라엘 백성을 넘어뜨렸다. 하나님께서 순식간에 이스라엘을 벌하신다고 하신 말씀대로 무서운 진노의 심판이 그들에게 임했다. 이제 광야에서 멸망할 위기에 놓인 이스라엘은 풍전등화와도 같았다.

그런데 하나님께서 이스라엘을 멸하겠다고 하실 때 모세와 아론은 놀라운 모습을 보였다.

> … 그 두 사람이 엎드리니라 민 16:45

그들은 하나님 앞에 엎드렸다. 모세와 아론은 그 전날 고라의 반역이 일어났을 때도 백성을 멸하지 말라고 하나님 앞에 엎드려 기도했다. 그런데 지금도 그때처럼, 아니 어제보다 더 절박하게 엎드려 기도하고 있다. 벌써 하나님의 심판이 염병으로 시작되었기에 더 절박하게 기도하지 않을 수 없었을 것이다.

이런 상황에서 46-48절에 너무나 숨 가쁘고 절박한 장면이 펼쳐진다. 모세와 아론 두 사람이 먼저 기도를 드린다. 이어 모세가 아론을 재촉하며 향로에 불을 담고 그 위에 향을 두어 급히 회중에게로 달려간다. 그리고 "죽은 자와 산 자 사이에 아론이 섰을 때에"(48절) 염병이 그치는 일이 나타났다.

놀랍지 않은가. 하나님의 심판이 염병으로 나타나 백성들이 하나둘씩 죽어갈 때 모세와 아론의 모습을 보라. 그들은 본문에서 보여주는 대로 그 백성을 향해 "급히 달려"갔다. 그러나 이렇게 서둘렀어도 이러한 결과가 나타났다.

> 고라의 일로 죽은 자 외에 염병에 죽은 자가 만 사천칠백 명이었더라
>
> 민 16:49

모세와 아론이 하나님 앞에 엎드린 순간부터 향로를 들고 죽은 자와 산 자 사이에 서기까지의 시간을 약 30분 정도로 친다면 이스라엘은 1초에 8명꼴로 죽어간 셈이 된다. 얼마나 심각한 상황이었는지 상상이 되는가?

그토록 심각한 상황에서 모세와 아론이 취했던 행동을 통해 하나님의 메시지를 발견해야 한다. 죽음의 공포가 그들을 엄습한 순간, 모세와 아론은 무얼 하고 있었는가? 두려움에 떨고 있었는가? 아니면 대열을 빠져나와 도망치고 있었는가?

그와 같은 숨 가쁜 상황에서 모세와 아론은 하나님께 엎드렸다. 그들은 하나님 여호와께 기도했다. 하나님의 무서운 진노의 심판을 모세와 아론 이 두 사람이 막아서고 있었다.

이보다 더 위대한 일을 어디에서도 찾을 수 없다. 누가 감히 하나님께서 하시는 일을 막아설 수 있겠는가? 그저 나만이라도 살려달라고 싹싹 빌 사람이 바로 우리이다.

하나님은 그렇게 패역한 세대 가운데서도 진노의 심판을 막아설 사람을 찾으신다. 하나님은 죄에 대해 공의로운 재판장으로 심판하셔야 하지만, 동시에 그분은 사랑 그 자체이시기 때문이다.

이스라엘의 역사에는 하나님께서 그분의 심판을 막아줄 자를 얼마나 찾으셨는지가 그대로 나타난다. 이는 그 백성을 향하신 하나님의 긍휼하심의 표현이었다.

이 땅을 위하여 성을 쌓으며 성 무너진 데를 막아서서 나로 하여금 멸하지 못하게 할 사람을 내가 그 가운데에서 찾다가 찾지 못하였으므로 내가 내 분노를 그들 위에 쏟으며 내 진노의 불로 멸하여 그들 행위대로 그들 머리에 보응하였느니라 주 여호와의 말씀이니라 겔 22:30,31

내 이름으로 일컫는 내 백성이 그들의 악한 길에서 떠나 스스로 낮추고 기도하여 내 얼굴을 찾으면 내가 하늘에서 듣고 그들의 죄를 사하고 그들의 땅을 고칠지라 대하 7:14

이렇듯 하나님은 어느 시대에서나 모세와 아론같이 진노의 심판을 막아설 사람들을 찾으셨다. 그렇다면 어떤 사람이 이런 일을 할 수 있을까? 하나님의 심판을 막아서는 사람의 삶은 도대체 어떤 모습일까?

진노의 심판을 막는 사람의 특징

첫째는 두말할 나위 없이 '기도하는 사람'이다. 모세와 아론은 엄청난 죽음의 공포가 드리울 때도 하나님 앞에 엎드려 기도했다. 이런 모습은 민족의 위기를 극복했던 영적 지도자들에게서 한결같이 나타나는 특징이기도 하다.

나는 너희를 위하여 기도하기를 쉬는 죄를 여호와 앞에 결단코 범하지 아니하고 선하고 의로운 길을 너희에게 가르칠 것인즉 삼상 12:23

하나님의 사람 사무엘은 이처럼 하나님의 백성을 위해 기도하는 것을 생명이요 사명으로 알았다.

이뿐만이 아니다. 아브라함이 소돔성을 위해 하나님께 청을 드리는 마음은 절박함 그 자체였다. 의인 50명에서 10명으로 줄여가며 도고 (禱告, intercession)한 그의 모습을 기억하자.

아브라함이 또 이르되 주는 노하지 마옵소서 내가 이번만 더 아뢰리이다 거기서 십 명을 찾으시면 어찌하려 하시나이까… 창 18:32

이와 같은 도고가 얼마나 하나님의 긍휼하심을 입을 수 있는지는 디모데전서 2장 1-9절을 보면 확인할 수 있다. 사도 바울이 디모데에게 도고하기를 거듭 강조하며 기도를 부탁하는 모습에서 도고의 기도야말로 하나님의 긍휼하심을 이 땅에 심어가는 방법임을 알게 된다.

이 세대는 여전히 죽음의 행진을 계속하고 있다. 부정과 부패가 꼬리에 꼬리를 물고 이어져, 하나님의 심판을 초래하는 일이 염병처럼 번져가고 있다.

이러한 소식이 당신 귀에도 들려오는가? 그렇다면 당신이 바로 그 심판을 막아설 사람으로 부름 받았음을 기억하고 하나님 앞에 엎드려 진노의 심판을 거둬 달라 기도해야 한다. 하나님은 당신의 기도를 통해 이 세상을 구하고 싶어 하신다.

또한 당신이 그런 소식을 듣는다면 모세와 아론처럼 속죄의 향불을 들고 달려야 한다. 그것이 하나님의 진노의 심판을 막는 사람들의 두 번째 특징이다.

아론이 모세의 명령을 따라 향로를 가지고 회중에게로 달려간즉 백성 중에 염병이 시작되었는지라 이에 백성을 위하여 속죄하고 죽은 자와 산 자 사이에 섰을 때에 염병이 그치니라 민 16:47,48

아론은 향로를 들고 달려가 하나님의 심판으로 시작된 염병 앞에 선다. 그는 어떻게 해서 하나님의 공의로우신 심판을 막아섰을까? 무엇이 그 심판을 막아서게 했을까?

복음이다. 속죄의 제물 되신 예수 그리스도의 십자가 복음이 심판을 막아서게 했다. 여기서 아론의 분향하는 향연은 우리의 죄를 위해 중보하시고 친히 십자가 형벌을 당하신 예수 그리스도의 희생적 사역을 예표한다. 따라서 이 말씀은 예수의 복음만이 유일한 대답임을 우리에게 알려준다.

이처럼 인생의 모든 해답은 복음 안에 있다. 따라서 우리는 패역한 세대의 소식이 들려올수록 복음 들고 산을 넘는 자가 되어야 한다.

> 그런즉 그들이 믿지 아니하는 이를 어찌 부르리요 듣지도 못한 이를 어찌 믿으리요 전파하는 자가 없이 어찌 들으리요 보내심을 받지 아니하였으면 어찌 전파하리요 기록된 바 아름답도다 좋은 소식을 전하는 자들의 발이여 함과 같으니라 롬 10:14,15

결론은 복음 전파이다. 우리는 예수 그리스도의 십자가를 전파해야 한다. 예수의 복음만이 염병으로 하나님의 진노의 심판 앞에 놓인 이들을 생명으로 이끌 수 있는 유일한 길이다.

하나님은 오늘도 그런 사람을 찾으신다. 이 세상을 향해 진노하시지만, 그 진노를 막아설 도고 기도자, 기도하며 복음을 전파할 사람을 애타게 찾으신다. 그런 자가 누구겠는가?

하나님은 말씀하신다. 바로 당신이라고….

19

나는 토기장이 하나님이다

민수기 17장 1-13절

1 여호와께서 모세에게 말씀하여 이르시되 2 너는 이스라엘 자손에게 말하여 그들 중에서 각 조상의 가문을 따라 지팡이 하나씩을 취하되 곧 그들의 조상의 가문대로 그 모든 지휘관에게서 지팡이 열둘을 취하고 그 사람들의 이름을 각각 그 지팡이에 쓰되 3 레위의 지팡이에는 아론의 이름을 쓰라 이는 그들의 조상의 가문의 각 수령이 지팡이 하나씩 있어야 할 것임이니라 4 그 지팡이를 회막 안에서 내가 너희와 만나는 곳인 증거궤 앞에 두라 5 내가 택한 자의 지팡이에는 싹이 나리니 이것으로 이스라엘 자손이 너희에게 대하여 원망하는 말을 내 앞에서 그치게 하리라 6 모세가 이스라엘 자손에게 말하매 그들의 지휘관들이 각 지파대로 지팡이 하나씩 그에게 주었으니 그 지팡이가 모두 열둘이라 그 중에 아론의 지팡이가 있었더라 7 모세가 그 지팡이들을 증거의 장막 안 여호와 앞에 두었더라 8 이튿날 모세가 증거의 장막에 들어가 본즉 레위 집을 위하여 낸 아론의 지팡이에 움이 돋고 순이 나고 꽃이 피어서 살구 열매가 열렸더라 9 모세가 그 지팡이 전부를 여호와 앞에서 이스라엘 모든 자손에게로 가져오매 그들이 보고 각각 자기 지팡이를 집어들었더라 10 여호와께서 또 모세에게 이르시되 아론의 지팡이는 증거궤 앞으로 도로 가져다가 거기 간직하여 반역한 자에 대한 표징이 되게 하여 그들로 내게 대한 원망을 그치고 죽지 않게 할지니라 11 모세가 곧 그 같이 하되 여호와께서 자기에게 명령하신 대로 하였더라 12 이스라엘 자손이 모세에게 말하여 이르되 보소서 우리는 죽게 되었나이다 망하게 되었나이다 다 망하게 되었나이다 13 가까이 나아가는 자 곧 여호와의 성막에 가까이 나아가는 자마다 다 죽사오니 우리가 다 망하여야 하리이까

언젠가 '삼소회'(三笑會)라는 제목의 신문 광고를 본 적이 있다. 그 광고에서는 성당의 수녀와 산사의 비구니, 원불교의 정녀가 정답게 웃고 있었는데, 그 사진은 손으로 그린 듯한 스케치 효과 덕분에 더욱 따뜻한 느낌이 났고, 함께 실린 상냥한 카피는 감성적이고 호소력 있었다.

"수행법이나 생활 방식은 다르지만 더 나은 세상을 향해 가려는 큰 뜻이야 다를 바 있겠습니까? 흔쾌히 손을 맞잡은 마음의 길동무들입니다. 생각과 차림새는 다르지만 평화롭고 아름다운 세상을 위한 바람이야 다를 바 있겠습니까? 소녀들처럼 해맑게 웃는 분들입니다."

그 광고는 자기 생각만이 옳다고 주장하며 다른 이의 말에 귀 기울이지 않는 옹졸함을 책망하면서 관용과 포용을 교훈하고 있었다. 그러나 한편, 그 이면에는 종교다원주의를 옹호하는 동시에, 은연중에 기독교의 유일신 사상에 대해 도전하고 비판하고 있음을 부인할 수 없었다.

이처럼 많은 현대인은 절대진리를 거부하고 종교다원주의를 지지하며 살아간다. 진리에 대한 관심 대신 도덕이나 선행을 조금씩 추구할 뿐이다. 선의 참된 근원이 진리임을 외면한 채 오로지 인간이 중심이 되어 "이것도 좋고 저것도 좋다"라는 식으로 선을 규정하며 진리를 심각하게 왜곡시킨다.

이 신문 광고의 카피대로라면 모든 종교 사이에는 경계선이 없는 게 된다. 그러나 이 땅의 수많은 종교 가운데, 그 많은 종교와 기독교 사이에는 그 둘을 구분하는 분명한 경계선이 있다. 그게 과연 무엇일까?

모든 종교의 중심에는 '인간의 의'가 존재한다. 쉽게 말해, 인간의 도덕적 행위와 선행으로 구원에 이를 수 있다고 주장한다. 그래서 많은 종교가 '종교적 수행'을 강조한다.

그러나 기독교는 결코 '인간의 의'가 중심을 이루지 못한다. 성경은 "모든 인간은 죄인이 되었고 죄인 된 인간은 자기의 의로 하나님의 의에 이를 수 없다"라고 분명히 말씀한다.

기독교의 중심은 '인간의 의'가 아니라 '하나님의 의'에 있다. 그와 같은 하나님의 값없는 은혜로 죄인인 인간에게 하나님의 의를 안겨주셨다는 것이 기독교의 핵심 교리이다. 공의로우신 하나님께서 이를 이루시기 위해 죄인인 우리의 죗값을 예수님의 십자가에서 다 갚으셨다. 그 놀라운 하나님의 은혜가 바로 기독교 진리의 핵심이다.

> 우리를 구원하시되 우리가 행한 바 의로운 행위로 말미암지 아니하고 오직 그의 긍휼하심을 따라 중생의 씻음과 성령의 새롭게 하심으로 하셨나니 … 우리로 그의 은혜를 힘입어 의롭다 하심을 얻어 영생의 소망을 따라 상속자가 되게 하려 하심이라 딛 3:5,7

이것이 성경의 중심 메시지이다. 하나님의 구원하심이 오직 '하나님의 은혜'로 우리에게 주어졌고, 이는 전적인 하나님의 역사하심이었다.

죄인인 인간이 요청해서 예수님의 십자가가 이루어진 게 아니다. 죄인인 인간은 그것을 요청할 자격조차 없다. 오직 인간을 향하신 사랑과 은혜 때문에 하나님께서 직접 이 일을 이루셨다.

우리가 하나님의 사랑을 구해서 그 사랑이 우리에게 임한 것도 아니다. 공의로우신 하나님을 구할 자격이 이 땅의 누구에게 주어졌겠는가. 하나님께서 우리를 사랑하신 것도 그분의 선택이었다. 예수님의 부활도, 성령을 부어주심도, 우리를 택해 부르심도 전적으로 하나님께서 하신 일이다. 성경은 이처럼 구원이 하나님께서 우리에게 주신 선물이라고 분명히 말씀한다.

> 너희는 그 은혜에 의하여 믿음으로 말미암아 구원을 받았으니 이것은 너희에게서 난 것이 아니요 하나님의 선물이라 행위에서 난 것이 아니니 이는 누구든지 자랑하지 못하게 함이라 엡 2:8,9

복음은 이렇게 '하나님의 의'를 중심으로 선포한다. 하나님의 의가 우리에게 값없이 선물로 주어졌다는 기쁜 소식이 바로 복음이다. 이에 대한 뚜렷한 징표는 우리 죗값을 담당하시려고 우리 대신 죽으신 예수님의 십자가와 죽은 자 가운데서 다시 사신 그분의 부활이다.

예수님의 죽음과 부활은 인간의 의가 전혀 개입되지 않은 상태에서 전적으로 하나님의 의로우심에 의해 이루어진 하나님의 사역이다. 이 사역으로 하나님은 인간의 구원이 전적으로 하나님의 주권에 달려 있음을 보여주셨다.

이 장을 시작하면서, 허나님의 주권적 사역에 대해 다소 긴 내용을 나누었다. 그 이유를 이제 민수기 17장을 살피는 가운데 확실히 찾을 수 있기 바란다.

택한 자의 지팡이에 주신 표징

앞서 16장에서는 고핫 자손에 속한 고라가 아론과 그의 아들들에게만 주신 제사장 직분을 구하다가 하나님의 진노를 사서 죽음에 이르렀고, 고라에게 동조했던 이들도 처참하게 죽어갔다. 모세와 아론이 죽인 게 아니었다. 하나님께서 직접 그들을 처단하신 것이었다.

하나님은 왜 이렇게까지 모세와 아론을 옹호하셨을까? 모세와 아론의 영적 권위에 도전한 고라와 그의 추종자들을 왜 이렇게까지 매섭게 치셨을까? 그 답을 찾으려면 '하나님의 주권적 사역'에 대한 이해가 있어야 한다. 이를 염두에 두고서 본문을 살펴보자.

속죄의 향로를 들고 회중 속으로 달려가 염병의 확산을 막아선 아론은 염병이 멈추자 다시 회막문의 모세에게로 돌아왔다. 백성들은 모두 하나님의 행하심 앞에 두려워 떨었을 것이다.

그런 가운데 하나님은 모세에게 일러 이스라엘 12지파 족장들이 족장의 권위를 나타내는 자신들의 지팡이를 가져오게 하시고(레위 지파가 포함된 12지파였기에, 에브라임과 므낫세는 요셉 지파의 이름으로 나왔을 것이다) 그렇게 모인 지팡이 12개를 증거궤 앞에 두게 하신 후 말씀하셨다.

'싹이 난' 지팡이를 든 자만이 하나님의 증거궤 앞에 설 수 있게 하신다는 이 말씀을 전해 듣고 백성들은 '아니, 어떻게 지팡이에서 싹이 나지?' 하며 의아해했을 것이다. 하지만 아무도 이의를 제기하지 못했다. 그들 모두 고라의 반역으로 인한 하나님의 진노의 심판을 목격한 사람들이었다. 또한 지팡이에서 싹이 난다면 그거야말로 하나님께서 하시는 일임을 나타내는 명백한 증거였다. 인간 중 그 누구도 족장들이 들고 다니는 지팡이에서 싹을 틔울 수는 없었다.

하나님은 이렇게 그분만이 하실 수 있는 일을 통해 하나님께서 택하신 자, 곧 증거궤 앞에 설 자를 구별해 세우겠다는 뜻을 밝히셨다. 하나님께서 택하지 않으시면 어떤 지팡이에서도 싹이 나오지 않을 것이므로, 하나님 앞에 설 자라면 그분이 택하여 세우셨음을 반드시 모두에게 보이시겠다는 뜻이었다.

그렇게 모세의 손에 들려 나온 12개의 지팡이를 상상하면서 다음 구절을 읽어보자.

아론의 지팡이에 변화가 있었는데 싹을 틔운 정도가 아니라 꽃이 피어 살구 열매까지 열렸다. 각각 자기 지팡이를 취하면서 족장들은 아론의 지팡이에만 달린 살구 열매를 보고 어떤 생각이 들었을까?

이 상황에서 하나님의 말씀이 다시 모세에게 임하여, 아론의 싹 난 지팡이를 하나님의 증거궤 앞으로 도로 가져다가 거기 간직하라고 하셨다. 아론과 그의 아들들만이 하나님의 증거궤 앞에 설 수 있다는 하나님의 선언이었다.

여호와께서 또 모세에게 이르시되 아론의 지팡이는 증거궤 앞으로 도로 가져다가 거기 간직하여 패역한 자에 대한 표징이 되게 하여 그들로 내게 대한 원망을 그치고 죽지 않게 할지니라 민 17:10

토기장이는 권한이 있다

고라와 그의 자손들, 그리고 그를 추종했던 이스라엘이 왜 모세와 아론만 제사장 직분을 누릴 수 있냐며 원망을 쏟아낸 이유가 무엇인가? 그 원망은 하나님의 전적 사역, 주권적 사역을 인정하지 않았기 때문에 나온 것이었다. 그들은 인간의 의에 의한 기준을 하나님 앞에 들이밀었다.

하나님은 말씀을 통해, 인간의 의로는 하나님 앞에 아무도 설 수 없다는 것을 수없이 알려주셨다. 그러므로 이렇게 인간의 의를 앞세워 하나님께서 하신 일을 원망하고 비방하면 하나님의 구원 역사를 거스르는 '성령 훼방죄'를 짓게 된다. 제사장 직분을 구하며 원망하던 자들을 그토록 단호히 징계하신 이유가 이것이었다.

하나님은 왜 유독 모세와 아론에게만 선지자와 제사장 직분을 주셨을까? 모세와 아론의 의로움 때문이 아니었다.

> 너와 네 아들들은 제단과 휘장 안의 모든 일에 대하여 제사장의 직분을 지켜 섬기라 내가 제사장의 직분을 너희에게 선물로 주었은즉 거기 가까이 하는 외인은 죽임을 당할지니라 민 18:7

하나님께서 모세를 선지자로, 아론을 제사장으로 세우신 것은 선물, 곧 은혜에 의한 것임을 분명히 말씀하신다.

고라와 그에게 속한 사람들은 하나님의 이 은혜의 선물을 그릇 구했다. 모세와 아론만 제사장을 시키지 말고 적당히 돌아가면서 하자는 식으로 불평하고 원망했다.

이것이 얼마나 패역한 태도인지 아는가? 마치 둘째로 태어난 자가 왜 자기는 형이 아니라 둘째로 태어나게 했냐고, 나도 충분히 장자 될 자격이 있는데 왜 형이 장자가 되어 형의 권리를 행사하느냐고 부모를 원망하는 것과 같다.

하나님은 그런 이스라엘을 치시고, 인간의 의를 앞세워 하나님의 영광 앞에 서려고 한 죄인들을 심판하셨다. 그리고 아론의 싹 난 지팡이를 통해 하나님의 주권적 선택하심을 이스라엘에게 너무도 명확하고 분명하게 보여주셨다.

그러자 이스라엘은 다음과 같은 슬픔의 노래를 불러야 했다.

이스라엘 자손이 모세에게 말하여 이르되 보소서 우리는 죽게 되었나이다 망하게 되었나이다 다 망하게 되었나이다 가까이 나아가는 자 곧 여호와의 성막에 가까이 나아가는 자마다 다 죽사오니 우리가 다 망하여야 하리이까 민 17:12,13

이는 마치 사무엘상 6장에 나오는 벧세메스 사람들의 절규와 같다.

벧세메스 사람들이 이르되 이 거룩하신 하나님 여호와 앞에 누가 능히 서리요 그를 우리에게서 누구에게로 올라가시게 할까 하고 삼상 6:20

하나님의 구원 역사 앞에서 인간의 의는 아무것도 아니다. 하나님께서 택하시고 행하셔야 한다. 오직 그분의 은혜로 하나님의 의가 우리의 의가 될 때 우리가 하나님의 자녀가 될 수 있다. 그러므로 우리는 간절함으로 외치고 외쳐야 한다.

"Sola Gratia! Only Grace! Amazing Grace!"

우리가 의인된 것은 하나님께서 십자가에서 우리의 죄를 용서하셨다고 선언하셨기 때문이다. 우리가 자기 행위에 따라 의인 되었다, 죄인 되었다 하는 게 아니다. 하나님께서 "너는 나의 백성이요 나의 자녀다"라고 하시면 그분의 자녀가 되는 것이다. 이를 성경은 토기장이 비유로 말씀한다.

이 사람아 네가 누구이기에 감히 하나님께 반문하느냐 지음을 받은 물건이 지은 자에게 어찌 나를 이같이 만들었느냐 말하겠느냐 토기장이가 진흙 한 덩이로 하나는 귀히 쓸 그릇을, 하나는 천히 쓸 그릇을 만들 권한이 없느냐 **롬 9:20,21**

토기장이는 진흙이라는 재료를 가지고 그 마음의 뜻대로 그릇을 만든다. 그게 토기장이의 마땅한 주권이다.

이처럼 토기장이이신 하나님은 십자가에서 우리의 모든 죄를 사하시고 우리를 영원히 살리셨다. 그분의 전적인 주권을 가지고 우리를 '의인 된 자리'에 설 수 있도록 하셨다. 이 또한 하나님의 전적인 주권이다. 그분은 십자가를 선택하지 않을 수도 있었지만, 자신의 주권으로 십자가를 선택하셨고 그 아들 예수를 완전히 죽게 하셨다. 죄인 된 우리를 하나님의 의에 옮기기 위해서였다.

이와 같은 하나님의 은혜로 우리는 영생을 얻었고, 의인이 되었으며, 하나님의 자녀가 되었다. 하나님께서 이 놀라운 영생의 선물을 우리에게 주셨다. 성경은 토기장이이신 하나님께서 그렇게 하셨다고 분명히 말씀한다.

우리는 그 말씀을 믿기 때문에 오늘도 외칠 수 있다. 우리가 의인 되었음을, 우리 죄를 사함 받았음을!

당신은 이 사실을 온전히 믿는가? 이것을 사실 그대로 믿는 것이 믿음이라는 것을 기억하라. 그것이 믿음이다.

20

나는 중보의 메신저를 찾는 하나님이다

민수기 18장 1-7절

1 여호와께서 아론에게 이르시되 너와 네 아들들과 네 조상의 가문은 성소에 대한 죄를 함께 담당할 것이요 너와 네 아들들은 너희의 제사장 직분에 대한 죄를 함께 담당할 것이니라 2 너는 네 형제 레위 지파 곧 네 조상의 지파를 데려다가 너와 함께 있게 하여 너와 네 아들들이 증거의 장막 앞에 있을 때 그들이 너를 돕게 하라 3 레위인은 네 직무와 장막의 모든 직무를 지키려니와 성소의 기구와 제단에는 가까이하지 못하리니 두렵건대 그들과 너희가 죽을까 하노라 4 레위인은 너와 합동하여 장막의 모든 일과 회막의 직무를 다할 것이요 다른 사람은 너희에게 가까이하지 못할 것이니라 5 이와 같이 너희는 성소의 직무와 제단의 직무를 다하라 그리하면 여호와의 진노가 다시는 이스라엘 자손에게 미치지 아니하리라 6 보라 내가 이스라엘 자손 중에서 너희의 형제 레위인을 택하여 내게 돌리고 너희에게 선물로 주어 회막의 일을 하게 하였나니 7 너와 네 아들들은 제단과 휘장 안의 모든 일에 대하여 제사장의 직분을 지켜 섬기라 내가 제사장의 직분을 너희에게 선물로 주었은즉 거기 가까이하는 외인은 죽임을 당할지니라

1973년도에 노벨평화상을 수상한 헨리 키신저는 국제 외교계에서 '중재의 귀재'라 불렸다. 그의 중재적 능력이 얼마나 탁월했는지 당시 전 세계의 냉전 분위기를 탈냉전 시대로 바꾸는 데 일조했을 정도였다. 당시 적대적 관계였던 미국과 중국을 우호적 관계로 바꾸고, 베트남 전쟁의 종료와 중동지방에서의 협상도 성공적으로 이끌었다.

　이런 사람이 중요한 이유는 우리가 사는 사회 안에 점점 더 크고 작은 갈등과 반목질시하는 현상이 두드러지기 때문이다. 가정의 분열은 물론, 노사문제와 정치적인 공격이 너무나 심해서 언론은 "마주 보고 달리는 기관차와 같다"라는 표현까지 썼다. 그러므로 누군가 이런 갈등과 싸움을 중재해서 화해와 회복으로 돌이킬 수 있다면, 그 사람이야말로 이 시대에 꼭 필요한 지혜와 능력을 발휘한 사람이라 할 수 있다.

　성경은 하나님께서 그리스도인을 이 땅 가운데 '중재자'로 두셨다고 말씀한다. 물론 노사문제나 국가 간의 문제에서 중재 능력을 발휘하려면 상당한 전문적 소양이 필요하다. 가정에서 남편과 아내의 심각한 갈등을 중재하기 위해서도 전문적인 식견이 필요한 게 사실이다. 그와 같은 전문적 중재 능력은 이 사회를 밝고 아름답게 하는 데 매우 중요하고 귀한 능력임에 틀림이 없다.

그러나 하나님께서 그리스도인들에게 하라고 하신 중재는 그런 성격의 중재를 뜻하지 않는다. 하나님께서 그리스도인들에게 공통으로 부여하신 중재적 사명이란 거룩하신 하나님과 죄인을 중재하는 것을 말한다.

　　성경은 "모든 사람이 죄를 범하였으매 하나님의 영광에 이르지 못하더니"(롬 3:23)라는 말씀으로, 거룩하신 하나님과 죄인 된 인간 사이에 단절이 일어났음을 명백히 한다.

　　이것이 우리에게 너무나 심각한 메시지인 이유는, 하나님이 모든 것의 원천이시기 때문이다. 하나님은 생명과 사랑의 근원이며 거룩함과 자비의 원천이시다. 그런데 인간은 죄로 인해 하나님과 멀어짐으로 이 모든 것의 근원에서 단절되고 말았다.

　　이로 인해 인간에게 목마름이 찾아왔다. 사랑에 목마르고 생명에 목마르다. 거룩함을 잃었고 긍휼과 자비의 능력도 상실하고 말았다. 그래서 이 땅에 사는 모든 인간의 근원적인 목마름은 하나님께 나아가는 것이 되었다. 그분이 아니고서는 채울 수 없는 목마름이 너무나 크게 존재하기 때문이다.

　　그런데 문제가 있다. 죄의 문제이다. 하나님께 나아가긴 해야 하는데 하나님은 거룩하고 공의로우며 거룩 그 자체이시다. 그래서 죄인 된 인간은 하나님 앞에 서는 것을 두려워하게 되었다. 아니, 하나님 앞에 나아갈 수 있는 길 자체가 없어져 버렸다. 하나님과 인간이 영영 만날 수 없게 된 것이다.

당신은 어떤 사람으로 부름 받았는가

결국 인간의 이런 한계를 아신 하나님께서 먼저 인간에게 찾아오셨다. 우리가 하나님께 나아갈 수 없기에 하나님께서 우리에게 먼저 오셨다.

아브라함을 갈대아 우르에서 택하여 부르시고, 그의 자손이 큰 민족을 이룰 것이라 약속하셨다. 약속하신 대로 아브라함의 자손은 애굽에서 4백 년을 지나는 동안 2백만 정도 되는 큰 민족을 이루었다.

이스라엘 민족은 하나님께서 보내신 모세를 통해 하나님만이 모든 것의 근원 되심을 생생히 보았다. 애굽에서 경험한 열 가지 이적을 통해서도 하나님이 모든 것이심을 보았다. 홍해가 갈라지고 광야에서 만나와 물이 공급되는 것을 통해 하나님만이 생명이심을 분명히 보았다.

그러나 이스라엘은 여전히 그들의 죄 된 모습을 버리지 못했다. 민수기의 이스라엘 백성에게서 보게 되는 것은 하나님 앞에 죄인 된 인간의 가장 큰 특징은 자신이 죄인임을 알지 못한다는 점이다. 그들은 그 죄인 됨을 알지 못했기에 언제나 하나님 앞에 방자하게 행했다.

그러자 하나님은 모세의 율법을 통해 하나님의 거룩하심이 무엇이고 죄가 무엇인지를 말씀해주셨다. 하나님께서 율법을 주실 때의 극적인 장면을 다시 한번 보자.

셋째 날 아침에 우레와 번개와 빽빽한 구름이 산 위에 있고 나팔 소리가 매우 크게 들리니 진중에 있는 모든 백성이 다 떨더라 모세가 하나님을 맞으려고 백성을 거느리고 진에서 나오매 그들이 산기슭에 서 있는데 시내산

에 연기가 자욱하니 여호와께서 불 가운데서 거기 강림하심이라 그 연기가
옹기 가마 연기같이 떠오르고 온 산이 크게 진동하며 나팔 소리가 점점 커
질 때에 모세가 말한즉 하나님이 음성으로 대답하시더라 출 19:16-19

계속해서 출애굽기 20장 18, 19절 말씀을 보라.

뭇 백성이 우레와 번개와 나팔 소리와 산의 연기를 본지라 그들이 볼 때
에 떨며 멀리 서서 모세에게 이르되 당신이 우리에게 말씀하소서 우리가
들으리이다 하나님이 우리에게 말씀하시지 말게 하소서 우리가 죽을까
하나이다

**이러한 백성의 고백은 아론의 싹 난 지팡이를 보고 이스라엘 회중이
하나님 앞에서 쏟아낸 두려움의 고백과 다르지 않다.**

이스라엘 자손이 모세에게 말하여 이르되 보소서 우리는 죽게 되었나이다
망하게 되었나이다 다 망하게 되었나이다 가까이 나아가는 자 곧 여호와
의 성막에 가까이 나아가는 자마다 다 죽사오니 우리가 다 망하여야 하리
이까 민 17:12,13

누구든지 거룩하신 하나님을 본 자는 죽을 수밖에 없다. 죄인인 인
간은 본질적으로 하나님 앞에 설 수 없기 때문이다. 그래서 하나님은
죄인 된 인간과 거룩하신 하나님 사이의 중재자로 제사장을 세우셨다.

모세와 아론은 이 중재자의 사명을 위해 부름 받아, 성소에 들어가 하나님 말씀을 들음으로써 이 사명을 감당했다.

하나님은 이를 위해 또한 레위 지파를 세워 모세와 아론을 돕게 하셨다. 그런데 레위 지파의 고핫 자손 중 고라 일당이 모세와 아론만 제사장이 되는 것에 불만을 품고 반기를 들자 그들에게 무서운 진노와 심판을 내리셨다.

또한 족장들의 지팡이를 모으고 그중 아론의 지팡이에만 싹이 나고 열매가 맺히게 하셔서 하나님께서 택한 자만이 하나님 앞에 설 수 있음을 생생히 보이셨다. 누구라도 하나님께서 택하여 세우지 않으시면 하나님의 거룩하심 앞에 설 수 없음을 명백히 하신 것이다.

뒤이은 민수기 18장은 고라의 반란 사건 이후 이스라엘 민족 안에 드리워졌던 혼란스러운 상황 속에서 하나님께서 세우신 제사장과 그 제사장을 섬기도록 세운 레위 지파의 위치를 재확인해준다. 이 말씀을 통해 하나님께서 과연 그리스도인인 우리를 어떤 위치로 부르시는지 확인할 수 있다.

영원하신 중보자, 예수 그리스도

여호와께서 아론에게 이르시되 너와 네 아들들과 네 조상의 가문은 성소에 대한 죄를 함께 담당할 것이요 너와 네 아들들은 너희의 제사장 직분에 대한 죄를 함께 담당할 것이니라 민 18:1

아론과 그의 아들들을 포함한 레위 지파가 성소에 대한 죄를 담당하게 하셨는데, 그중 아론과 그의 아들들은 제사장 직분에 대한 죄를 담당하라고 하셨다. 즉 아론과 그의 아들들을 포함해 레위 지파가 성소의 전반적인 사역을 감당하되, 아론과 그의 아들들만이 제사장직을 감당하게 된다는 말씀이다.

그리고 레위 지파를 데려다가 아론과 그의 아들들이 장막에서 직무를 수행할 때 돕게 했다. 3,4절에서는 레위인의 직무 및 아론과 그의 아들들에게 부여된 제사장의 직무를 말씀한다.

이어지는 5절 말씀을 보면 하나님의 진노는 그분 앞에 거룩하지 못한 것에 대한 정죄와 심판의 결과라는 것을 알 수 있다.

> 이와 같이 너희는 성소의 직무와 제단의 직무를 다하라 그리하면 여호와의 진노가 다시는 이스라엘 자손에게 미치지 아니하리라

앞서 고라의 반역 사건을 통해, 하나님의 진노와 그 심판이 얼마나 무서운지를 보았다. 성경은 이뿐 아니라 곳곳에서 이와 같은 하나님의 진노의 심판을 보여준다.

이런 가운데 이 5절은 아론과 레위인들에게 놀라운 소식을 전한다. 제사장 아론과 그의 아들들이 제사의 직무를 온전히 감당하면 하나님의 진노가 멈추게 될 거라는 말씀이다. 이 말씀은 이스라엘에게 제사장이 절대적으로 필요하다는 사실을 역설하며, 그렇기에 그 제사장은 온전해야 함도 알려준다.

실제로 이스라엘의 역사는 언제나 이 원리를 따라 흘러갔다. 하나님 앞에 선 제사장들의 온전함이 이스라엘 민족의 영성이 되었고, 하나님의 축복과 저주의 분수령이 되었다. 그래서 이들이 직무에 충성하지 않을 때는 그 결과로 언제나 하나님의 진노와 심판을 맞이해야 했다.

이것은 비단 이스라엘에만 국한된 문제가 아니다. 이스라엘에만 이런 온전한 제사장이 필요한 게 아니라는 뜻이다. 성경에서 알려준 대로 모든 사람은 죄인이므로 이 땅의 누구도 하나님의 심판을 피할 수 없고, 따라서 하나님의 진노를 멈추게 할 제사장은 어느 곳, 누구에게나 절대적으로 필요하다.

그래서 하나님께서 예수님을 이 땅에 보내셨다. 예수님만이 온전한 제사장이 되어 온전한 중재자로 서실 수 있기 때문이다(히 5:1-10).

또한 이와 같이 그리스도께서 대제사장 되심도 스스로 영광을 취하심이 아니요 오직 말씀하신 이가 그에게 이르시되 너는 내 아들이니 내가 오늘 너를 낳았다 하셨고 또한 이와 같이 다른 데서 말씀하시되 네가 영원히 멜기세덱의 반차를 따르는 제사장이라 하셨으니 히 5:5,6

히브리서 7장의 말씀 또한 이 사실을 입증한다.

제사장 된 그들의 수효가 많은 것은 죽음으로 말미암아 항상 있지 못함이로되 예수는 영원히 계시므로 그 제사장 직분도 갈리지 아니하느니라 히 7:23,24

그는 저 대제사장들이 먼저 자기 죄를 위하고 다음에 백성의 죄를 위하여 날마다 제사 드리는 것과 같이 할 필요가 없으니 이는 그가 단번에 자기를 드려 이루셨음이라 히 7:27

레위 지파의 제사장들은 하나님께 선택받은 사람이었으나 그들 역시 동일하게 죄인인 인간이라 그들은 먼저 자신의 죄 사함을 위해 제물을 바쳐야 했다. 그러나 그리스도께서는 죄 없으신 분으로서 십자가 죽으심을 통해 인류의 죄 사함을 단번에 이루셨다.

대제사장이 해마다 다른 것의 피로써 성소에 들어가는 것같이 자주 자기를 드리려고 아니하실지니 그리하면 그가 세상을 창조한 때부터 자주 고난을 받았어야 할 것이로되 이제 자기를 단번에 제물로 드려 죄를 없이 하시려고 세상 끝에 나타나셨느니라 히 9:25,26

그가 거룩하게 된 자들을 한 번의 제사로 영원히 온전하게 하셨느니라 히 10:14

우리 주 예수님이 온전한 제사장으로 십자가에서 자신을 드리셨으므로 그리스도인은 이제 하나님의 진노하심으로부터 영원히 구원을 받게 되었다는 말씀이다. 예수님은 십자가 증거로 하나님 앞에 제사장으로서의 충성을 보이셨고, 그 십자가로 인해 하나님과 사람 사이에 영원한 중보자가 되셨다.

하나님은 한 분이시요 또 하나님과 사람 사이에 중보자도 한 분이시니 곧
사람이신 그리스도 예수라 딤전 2:5

우리는 그리스도의 것

보라 내가 이스라엘 자손 중에서 너희의 형제 레위인을 택하여 내게 돌리
고 너희에게 선물로 주어 회막의 일을 하게 하였나니 민 18:6

앞서 9장에서 이 말씀의 의미를 살펴 알게 되었다. 제사장을 시중들
어 섬기는 레위인은 제사장들에게 주어진 하나님의 선물이다. 그렇듯,
우리 그리스도인도 온전한 대제사장이신 예수님에게 드려진 하나님의
선물이다.

그런데 하나님께서 이 말씀을 본문에서 다시 언급하며 레위인의 직
무가 얼마나 중요한지를 알려주신다. 레위인이 아닌 다른 사람이 이
성막의 직무를 감당할 때는 반드시 죽임을 당하게 하셨다. 하나님께서
선택하신 레위인만이 성막의 직무를 감당하도록 구별하신 것이다.

하나님은 이렇게 구별된 레위인들이 하나님과 그들 사이의 중재자인
제사장에게 시중들기를 원하셨다. 마찬가지로 영원한 제사장 되시는
예수님에게 구별하여 주신 하나님의 선물이 있으니, 바로 그리스도인
인 우리이다.

아버지께서 아들에게 주신 모든 사람에게 영생을 주게 하시려고 만물을 다스리는 권세를 아들에게 주셨음이로소이다 … 세상 중에서 내게 주신 사람들에게 내가 아버지의 이름을 나타내었나이다 그들은 아버지의 것이 었는데 내게 주셨으며 그들은 아버지의 말씀을 지키었나이다 요 17:2,6

내가 그들에게 영생을 주노니 영원히 멸망하지 아니할 것이요 또 그들을 내 손에서 빼앗을 자가 없느니라 그들을 주신 내 아버지는 만물보다 크시 매 아무도 아버지 손에서 빼앗을 수 없느니라 요 10:28,29

이 말씀에서 보듯, 그리스도인은 하나님의 뜻을 위해 예수님에게 주 어진 하나님의 선물이다. 다시 말해, 하나님의 성막에서 레위인의 자리 로 세움 받은 사람이다. 그러므로 우리도 하나님과 죄인 사이에 유일 한 중보자로 세움 받은 예수님을 따라 세상과 하나님 사이에서 중재 자로서의 길을 가야 하는 사람이다.

너희는 세상의 소금이니 소금이 만일 그 맛을 잃으면 무엇으로 짜게 하리 요 후에는 아무 쓸데없어 다만 밖에 버려져 사람에게 밟힐 뿐이니라 너희 는 세상의 빛이라 산 위에 있는 동네가 숨겨지지 못할 것이요 마 5:13,14

오직 성령이 너희에게 임하시면 너희가 권능을 받고 예루살렘과 온 유대 와 사마리아와 땅 끝까지 이르러 내 증인이 되리라 하시니라 행 1:8

세상은 죄로 인해 하나님과 원수 되었지만, 세상을 향한 하나님의 진심은 그리스도인인 우리가 그런 세상을 향해 거룩하신 하나님과 화목할 수 있는 메시지를 전하는 데 있다. 하나님은 이를 위해 레위인을 세워 그들을 제사장들의 것이 되게 하셨다. 이스라엘을 향해 무서운 진노의 심판으로 임하시면서도, 제사의식을 거듭 언급하며 레위인을 '제사장의 것'이라 강조하신 이유가 이 때문이다.

그러므로 예수님을 믿고 따르는 우리는 세상과 하나님 사이의 유일한 중재자로 부름 받은 예수님의 그 복음을 전하는 자가 되어야 한다. 레위인이 제사장의 것이듯 우리는 예수님의 것이기 때문이다.

하나님은 민수기 여정을 통해 이를 거듭 말씀하신다. 결국 광야 여정의 승리는 중보자 되신 예수님, 유일한 대제사장 되신 예수님의 십자가를 붙들고, 그 십자가 복음의 비전을 향해 달려가는 데에 있다고.

광야에 선 당신은 이 십자가 복음을 붙들고 있는가? 그리고 이 십자가 복음을 외치고 있는가? 그렇다면 당신은 반드시 승리할 것이다. 승리의 개선가를 부르며 반드시 약속의 땅 가나안으로 입성할 것이다. 십자가 복음만이 당신을 거기까지 인도할 것이다.

광야에서 만나는 하나님

초판 1쇄 발행	2024년 3월 20일
초판 2쇄 발행	2024년 3월 25일

지은이	이제훈

펴낸이	여진구		
책임편집	최현수		
편집	이영주 박소영 안수경 김도연 김아진 정아혜		
책임디자인	노지현 조은혜 │ 마영애 이하은		
홍보·외서	진효지		
마케팅	김상순 강성민	마케팅지원	최영배 정나영
제작	조영석 허병용	경영지원	김혜경 김경희

303비전성경암송학교 유니게 과정
이슬비전도학교 / 303비전성경암송학교 / 303비전꿈나무장학회

펴낸곳	규장

주소 06770 서울시 서초구 매헌로 16길 20(양재2동) 규장선교센터
전화 02)578-0003 　팩스 02)578-7332
이메일 kyujang0691@gmail.com 　　홈페이지 www.kyujang.com
페이스북 facebook.com/kyujangbook 　인스타그램 instagram.com/kyujang_com
카카오스토리 story.kakao.com/kyujangbook
등록일 1978.8.14. 제1-22

ⓒ 저자와의 협약 아래 인지는 생략되었습니다.
이 출판물은 저작권법에 의해 보호를 받는 저작물이므로 무단 전재와 무단 복제를 할 수 없습니다.

책값 뒤표지에 있습니다.
ISBN 979-11-6504-517-3 03230

규│장│수│칙

1. 기도로 기획하고 기도로 제작한다.
2. 오직 그리스도의 성품을 사모하는 독자가 원하고 필요로 하는 책만을 출판한다.
3. 한 활자 한 문장에 온 정성을 쏟는다.
4. 성실과 정확을 생명으로 삼고 일한다.
5. 긍정적이며 적극적인 신앙과 신행일치에의 안내자의 사명을 다한다.
6. 충고와 조언을 항상 감사로 경청한다.
7. 지상목표는 문서선교에 있다.

하나님을 사랑하는 자 곧 그의 뜻대로 부르심을 입은 자들에게는 모든 것이 合力하여 善을 이루느니라(롬 8:28)

Member of the
Evangelical Christian
Publishers Association

규장은 문서를 통해 복음전파와 신앙교육에 주력하는 국제적 출판사들의 협의체인 복음주의출판협회(E.C.P.A:Evangelical Christian Publishers Association)의 출판정신에 동참하는 회원(Associate Member)입니다.